KB261536

한국기업의 대중투자

변화, 전략, 성과

한국기업의 대중투자

변화, 전략, 성과

아연 중국연구총서 13

한국기업의 대중투자 변화, 전략, 성과

2007년 9월 20일 제1판 1쇄 발행

지은이   지만수
펴낸이   정민용
펴낸곳   폴리테이아
출판등록   2002년 2월 19일 제 300-2004-63호
주 소   서울시 종로구 홍파동 42-1 신한빌딩 2층
　　　　전화 02-722-9960(영업), 02-739-9929(편집), 팩스 02-733-9910
표지디자인   송재희
표지사진   이상엽

ISBN 978-89-92792-16-5 94300
　　　　978-89-955215-7-1 (세트)

* 책값은 뒤표지에 표시되어 있습니다.
* 잘못된 책은 바꿔드립니다.

이 도서의 국립중앙도서관 출판시도서목록(CIP)은 e-CIP 홈페이지(http://www.nl.go.kr/cip.php)에서
이용하실 수 있습니다(CIP제어번호: CIP2007002936).

한국기업의 대중투자

변화, 전략, 성과

지만수 지음

폴리테이아

차례

서 문

2007년은 한중 수교로 한국과 중국의 경제교류가 본격화된 지 15년 째 되는 해다. 1992년이었다. 등소평의 이른바 '남순강화'(南巡講話)를 계기로 중국이 본격적으로 시장경제로 전환하기 시작한 것도 한국과 중국이 수교한 1992년 이었다. 필자가 중국경제 연구를 시작한 것도 그 해이다.

이 책은 한국과 중국 사이의 경제교류 중에서 특히 한국기업의 대중투자를 다룬다. 해외투자는 기업이 직접 다른 나라에 가서 땅을 사고 허가를 받고 공장을 짓고 자재를 사들이고 사람을 써서 물건을 만들어 파는 행위다. 그 점에서 나라 사이에 물건을 사고파는 교역보다도 훨씬 종합적인 경제교류의 형태이다.

한국에게 대중투자는 각별하기도 하다. 한국기업의 해외투자는 1990년대 이후에 본격적으로 이루어졌다. 그 중에서 대중투자는 그 규모나 거기에 연결된 사람들의 수나 한국경제에 미친 영향 면에서 가장 중요한 해외투자라고 할 수 있다.

동시에 대중투자는 지금까지 한국인이 경험한 가장 규모가 크고 광범한 해외경제활동이기도 하다. 지금 30만 명 이상의 한국인들이 중국에 상주하면서 3만 개에 달하는 회사를 세우고 300억 달러가 넘는 돈을 투자하여 100만 명이 훨씬 넘는 중국인을 고용하고 있다. 정부수립 이후 미군과의 오랜 인연, 1960년대의 베트남 파병, 채광 및 간호 인력의 독일 파견, 1970년대 상사맨들의 해외영업, 건설 인력의 중동 진출, 대규모 미국 이민 등 한국인이 지금까지 경험한 다양한 해외 접촉과 비교할 때도 대중투자 15년의 경험은 경제적 영향이나 접촉의 심도 면에서 단연 류(類)를 달리한다.

한편 중국의 시장경제화는 금세기 가장 중요한 세계사적 변화의 하나로 평가된다. 그 변화의 중심에는 세계 각국 자본의 중국에 대한 투자가 있다. 한국기업들은 그 중에도 매우 큰 역할을 해 왔다. 한국의 대중투자가 중국의 시장경제화라는 세계사적인 격변의 중요한 구성부분이라고 해도 전혀 과언이 아니다.

그 주역은 중국에 투자한 기업과 기업인들이다. 중국을 연구하면서 여러 가지 계기로 중국에 투자한 한국기업과 기업인들의 활동을 관찰하고 공부할 기회를 가졌다. 첫 직장인 LG경제연구원에서는 실제로 대기업의 대중투자 전략의 수립 과정에 직접 참여했다. 국책 연구기관인 대외경제정책연구원에서는 한국기업의 대중투자 전반에 관해서도 공부하였다. 2002년과 2004년에 연달아 한국기업의 대중투자에 관한 두 권의 보고서를 출간하였다. 그 과정에서 많은 기업들을 방문하고 기업인들을 면담하였다. 2006년 대외경제정책연구원 북경사무소에 부임한 뒤에는 현장에서 매일매일 중국에서 활동하는 한국 기업과 기업인들의 활동을 접했다.

연구자 입장에서 꾸준히 한국기업의 대중투자를 접해왔음에도 불구하고, 워낙 현상이 다양하고 변화가 무쌍해서 그걸 제대로 이해하고 요약하는 것은 어려웠다. 그래서 부족하더라도 기회가 있을 때 지금까지의 추세나마 힘닿는 데까지 정리해보자고 덥석 이 책을 쓰게 되었다.

쓸 때는 기왕이면 한국의 대중투자를 양국 간 경제관계의 시야를 넘어서 더 큰 세계적인 변화 추세 속에서 인식하고 해석하고자 노력하였다. 그게 진상에 더 가깝다고 느꼈기 때문이다. 별로 다듬어지지 않은 채 '글로벌 생산 네트워크'라는 개념이 억지로 자주 본문에 등장하는 것도 그 욕심 때문이다. 대개 어떤 대외경제 관계를 양국 간의 관계로 인식할 때, 중상주의와도 유사한 일종의 경제적 민족주의가 현실의 해석에 개입하는 경우를 자주 보았다. 그것을 글로벌한 추세 속에서 바라보면 그런 정서적 개입이 줄어들고 좀 더 객관적인 모습에 다가갈 수 있다고 생각했다. 그러나 막상 역부족이었다. 또한 현실을 짧게 요약하고 쉽게 단정하다 보니 실제로 찾아 가서 얘기를 들은 개별적인 사례들과는 너무 멀어지는 것도 새삼 느꼈다.

더 이상 전화를 받지 않는 많은 전화번호들이 망해서 문을 닫은 기업이 아니라, 흥해서 더 좋은 곳으로 옮겨간 기업들이라고 믿고 싶다. 특히 2004년 봄과 여름, 고개를 갸웃거리면서도 귀중한 시간을 내서 설문에 답해주신 많은 기업인들에게는 감사를 어찌 표현할 수가 없다.

책을 쓴다고 그 감사가 표현되는 것은 아니지만, 그래도 그나마 중요한 일이다. 특히 연구가 설혹 정부나 기업 같은 당사자에게 직접 도움이 되지 않더라도, 그 주제에 대한 대중의 이해를 높일 수 있으면 나름의 의미가 있다고 생각한다. 대중이나 여론의 비전문적이고 부정확한 인식이 정부의 정책에 투영되거나 기업인의 의사결정에 영향을 끼치는 경우도 있기 때문이다. 이런 생각이 연구원의 본업과 좀 거리가 있는 이 책을 쓰게 한 이유일 것이다.

이 작업이 일종의 외도라고 생각하기 때문에 살면서 은혜를 입은 분들, 공부를 이끌어 주신 분들, 판을 짜 주시고 작업을 도와주신 분들은 그냥 한 번 그 얼굴을 떠올려보는 것으로 감사를 멈추더라도, 필자가 속한 대외경제정책연구원의 선배와 동료들께는 각별히 고마움을 표해야 할 것 같다. 이 작업에는 대외경제정책연구원의 자산, 지원, 배려, 관용이 절대적인 도움을 주었다.

마지막으로 이 책이 '한중친선'(韓中親善)에 도움이 되었으면 좋겠다. 말도 다르고 문화도 다르고 이해관계도 다른 사람들끼리 안 싸우고 친하게 잘 지내는 것은 좋은 일이지만 어려운 일이기도 하다. 서로를 더 많이 깊이 알수록 여러 어려움을 극복하는 데 도움이 될 것이라고 믿는다.

2007년 9월

지만수

제1장

서 론

1. 한국기업의 대중투자와 글로벌 생산 네트워크

1992년 한중수교를 계기로 양국 간 경제교류가 본격화된 지도 2007년으로 15년을 넘기고 있다. 지난 15년간 중국과의 경제교류가 한국에 끼친 영향은 매우 크다. 15년 사이에 중국은 교역과 투자 모든 면에서 다른 나라를 제치고 한국의 가장 중요한 경제 파트너가 되었다.

교역 면에서 중국은 2004년부터 한국의 최대 교역국이 되었다. 2006년 중국과의 교역액은 1,180억 달러로 한국 대외교역의 18.6%를 차지한다. 그중 수출이 694억 달러로 전체 수출의 21.3%를 차지한다. 중국은 이제 미국시장과 일본시장을 합친 규모에 해당하는 시장을 한국기업에게 제공하고 있다. 중국에 대한 무역수지 흑자도 2004년 이후 매년 200억 달러가 넘는다.

하지만 더 극적인 변화는 투자 면에서 일어나고 있다. 수교 당시인 1992년 170건 1억 4천만 달러 수준에 불과하던 한국기업의 대중투자는 2006년 한해 2,300건 33억 달러 수준으로 크게 늘어났다. 2002년부터 중국은 연간 투자액 기준으로 한국의 가장 큰 해외 투자대상국이 되었다. 2006년의 경우 한국의 해외투자 중에서 중국은 건수 면에서 44.4%, 액수 면에서 30.8%를 차지하고 있다(2005년의 경우 각각 51%, 40.4%). 전체 투자 누계 기준으로도 2007년 3월까지 한국기업의 대중투자 누계는 178억 달러에 달한다. 즉 중국은 미국을 제치고(172억 달러) 한국기업이 그동안 가장 많이 투자한 나라가 되었다.

특히 2004년에 일본을 제치고 사실상 중국에 가장 많은 투자를 한 나라가 된 바 있는 한국은 2006년까지 매년 대중투자에서 일본과 1, 2위를 다투며 세계 각 국의 대중투자를 선도하고 있다.

다른 한편 한국과 중국이 수교한 1992년은 중국에게도 매우 중요한 해이다. 당시 덩샤오핑은 유명한 '남순강화'를 통해 중국의 개혁개방 방향 논란에 종지부 를 찍고, 중국이 '사회주의 시장경제'의 기치 아래 시장경제를 도입하고 세계시장 에 적극적으로 편입될 것임을 분명히 했다. 이후 중국은 빠른 속도로 변화했다. 특히 2001년 말 중국의 WTO 가입은 중국을 글로벌 경제질서 속으로 확고하게 편입시킨 이정표라고 평가된다.

그 과정에서 중국은 놀라운 성장을 거듭하여 2006년 현재 경제규모 세계 4 위, 무역규모 세계 3위의 경제대국으로 성장했다. 특히 교역 면에서 1992년 1,600억 달러 수준이던 중국의 교역규모는 2006년 1조 7,606억 달러로 10배 이상 커졌다. 그중 수출은 9,690억 달러에 달한다. 향후 수년 안에 중국이 독일과 미국 을 제치고 세계 최대의 수출국이 될 것은 분명하다.

중국의 개혁개방은 13억 인구를 가진 거대한 시장을 세계시장에 진입시켰을 뿐 아니라, 잠재해 있던 거대한 생산능력을 국제분업구조 속에 편입시켰다. 그 과정에서 외국기업의 대중투자는 중국과 세계를 연결시키는 고리 역할을 했다. 2006년 말까지 각국 기업은 중국에 7,000억 달러가 넘는 자본을 투자하면서 중국 이 가진 시장과 생산능력을 세계시장 및 국제분업구조에 연결시켰다. 2006년 중 국의 수출 9,690억 달러 가운데 58.2%가 중국에 투자한 외자기업에 의해 이루어 졌다.

이 과정에서 중국에는 이른바 글로벌 생산 네트워크(global production network, GPN)의 허브가 형성되었다. 1990년대 이후 냉전 해체와 함께 세계경제가 가일층

통합되고 IT 혁명으로 정보 유통이 빨라지면서 기업은 전 세계 차원에서 생산을 배치하고 조직하는 능력을 갖추기 시작했다. 기술 발전과 무역 및 투자의 자유화가 생산과정의 모든 가치사슬 안의 활동을 세분하였다. 이렇게 세분화된 각각의 생산활동들은 그 활동에 필요한 생산요소의 비교우위를 갖춘 곳을 찾아 전 세계 다양한 지역으로 재배치될 수 있다. 특히 다국적기업의 해외투자로 이러한 활동이 이루어진다. 이것이 바로 글로벌 생산 네트워크이다.

특히 동아시아에서는 한국, 일본, 타이완, 홍콩, 싱가포르 등이 이른바 '삼각생산'(triangle manufacturing)의 중요한 주체가 되었다. 그들은 전 세계 구매자들에게 주문을 받아 중국에서 저렴한 생산 네트워크를 구축하기 시작한 것이다(UNIDO 2004, 1, 11).

결국 한국의 대중투자는 한중 양국 간 경제교류의 중요한 축을 형성하고 있을 뿐 아니라, 동아시아에서 중국을 허브로 하여 형성되고 있는 글로벌 생산 네트워크의 핵심 구성요소이기도 하다.

한편 개별 기업의 입장에서 보면, 이러한 변화는 점점 더 중국에 투자하지 않을 수 없도록 만든다. 중국투자란 중국의 요소와 시장을 활용하느냐 마느냐의 선택의 문제를 넘어, 중국을 매개로 한 글로벌 차원의 국제분업체제의 변화에 동참할 것이냐 마느냐를 결정하는 문제로 바뀌고 있기 때문이다. 결국 기회를 찾아가든 상황에 밀려가든 제조업 분야에서는 중국에 대한 투자가 앞으로도 상당 기간 지속될 수밖에 없다. 또한 투자를 실제로 실행하지 않는 기업들조차 중국진출에 대한 검토 자체를 피해갈 수는 없다.

이러한 배경을 바탕으로 한국의 대중투자를 다음 몇 가지 목적을 가지고 종합적으로 분석할 필요가 있다.

첫째, 한국의 입장에서 지금까지의 대중투자의 경험을 갈무리하여 이후의 투자전략에 참고해야 한다. 여기에서는 지금까지 얼마나 많은 기업이 투자했는가, 투자한 기업은 어떤 기업인가, 이들은 어떤 동기와 목적을 가지고 중국에 투자하고 있는가, 이들의 중국투자는 성공하고 있는가, 얼마나 많은 기업이 성공하고 있는가, 어떤 기업이 성공하고 있는가 등의 다양한 질문이 가능하다. 지금까지의 투자 경험을 통해 답을 구해보는 것은 기존의 투자기업이 성공적으로 경영을 지속하고, 새로 투자하는 기업이 성공적으로 진입하기 위해 반드시 필요하다.

둘째, 중국은 한국기업뿐 아니라 세계 각국 기업의 투자가 집중되는 지역이다. 또한 한국기업은 중국은 물론이고 세계 각국에도 투자하고 있다. 따라서 한국의 대중투자를 다른 지역에 대한 투자와 비교하거나 세계 각국의 대중투자와 비교했을 때 드러나는 고유한 특징을 확인해 볼 필요가 있다. 이는 한중 경제관계의 특수성을 이해하고 향후 한중관계의 변화방향을 가늠할 수 있는 토대가 되기 때문이다.

셋째, 대중투자를 바라보는 인식의 틀을 정립할 필요가 있다. 지금까지 막대한 액수의 대중투자가 이루어졌고 그 규모가 매년 더 커지고 있다. 한편에서는 맹목적인 중국투자 열기가 형성되는가 하면, 다른 한편에서는 중국투자 실패 경험과 그 위험성을 경고하기도 한다. 대중투자가 빠르게 늘어나면서 국내의 산업공동화를 우려하는 목소리도 들린다. 이러한 문제들에 대한 답을 얻으려면 무엇보다 한국의 대중투자의 현황을 파악하여 체계적으로 인식할 수 있는 틀을 형성해야 한다.

이러한 인식 틀을 형성하는 데 가장 중요한 것은 한국기업의 대중투자를 양국 간의 관계를 넘어 전 세계적인 변화의 한 부분으로 인식하는 것이다. 중국이 세계 각국 투자의 블랙홀이 되고, 제조업 분야에서 세계의 공장으로 부상하는 최근의 변화 자체가 글로벌 생산 네트워크의 확산이라는 전 세계적 차원의 변화를 반영하고 있기 때문이다.

2. 기존연구의 검토

중국에 투자한 한국기업의 현황과 특징에 대해서는 기업의 투자활동을 지원하는 각종 지원기관에서 적지 않은 연구가 이루어졌다.

한국수출입은행은 2000년부터『우리나라의 해외직접투자 현지법인 경영현황 분석』이라는 연례보고서를 발간하여 투자규모 1,000만 달러 이상 해외에 투자하는 기업의 재무제표를 분석하고 있다.[1] 이는 대중투자 뿐 아니라 한국기업의 해외투자에 관해 접근할 수 있는 가장 기본적인 자료이다. 여기서는 법인의 개황, 재무현황, 차입금구조, 매출입 구조, 투자효과, 현금흐름. 재무비율 등에 대해 분석하고 있으며, 중국뿐 아니라 세계 모든 지역에 대한 투자를 포괄하고 있기 때문에 투자지역 간의 기업특성이나 투자성과를 비교분석을 할 수 있는 장점이 있다. 그러나 현황보고 성격이 강한 자료이기 때문에 본격적인 연구 성과로 보기는 어렵다. 또한 투자규모 1,000만 달러 이상의 기업에 한해서만 분석할 수 있다는 점이 결정적인 한계이다. 중국의 경우 2003년 말 현재 누계기준으로 약 9,000개의 한국기업이 투자하고 있는 반면, 한국수출입은행이 분석의 대상으로 삼고 있는 기업은 66개에 불과하다. 따라서 대중투자 한국기업의 전모(全貌)를 이해하는 데 한계가 있다. 다만 2005년부터는 자본규모에 관계없이 매년 경영성과를 브고한 모든 기업의 자료를 분석하여 제시하고 있다.

한국수출입은행은 보유하고 있는 '해외투자기업통계정보'[2]를 활용하여 대중

---

1 2000년에는 1998년도와 1999년도 실적을 각각 분석하는 2권의 보고서를 출판하였다. 따라서 1998년 이후 1,000만 달러 이상 투자한 기업에 대한 분석이 이루어진 셈이다. 2005년에 발간된 2004회계연도부터는 중국에 대해 투자규모 1,000만 달러 이상이 아니라, 경영성과를 보고한 모든 기업에 대해 분석결과를 내놓고 있다.

2 해외에 투자하는 모든 기업은 초기 투자자금이 반출될 때 한국수출입은행에 신고하도록 되어 있기 때문에 한국수출입은행에는 기업규모별, 산업별, 트자금액별, 투자지분별로 현황을 파악할 수 있는 데이터가 축적되어 있다.

투자기업에 대해서도 그 전반 현황과 특징에 대한 분석을 지속적으로 수행하고 있다. 가령 김주영(2002)은 한국의 대중투자의 발전단계를 구분하면서 2002년 이후 대중투자가 회복단계에 들어섰다고 평가했다. 또 높은 제조업 비율, 소규모 투자 위주, 높은 중소기업 비율, 지역적 편중 등을 대중투자의 특징으로 지적하였다.

지만수(2002)나 지만수 외(2004)는 같은 자료를 사용하여 대중투자 현황과 특징에 관해 유사한 결론을 제시하고 있다. 다만 지만수(2002)는 동 자료를 사용하여 한국기업의 대중투자 동기의 변화를 분석하였다. 즉 한국기업의 중국의 각 성(省)별 투자자료와 각 성의 투자환경에 관한 자료를 계량적으로 분석하여 한국기업의 대중투자동기가 외환위기를 전후하여 비용절감형 투자에서 점차 시장지향 투자로 변화하고 있다고 주장한다.

그러나 이러한 연구들은 모두 투자시점의 투자규모 통계만을 사용한 것으로 기업의 투자동기나 현지에서 느끼는 애로사항 등 질적인 요소에 대한 분석이 불가능하다는 공통의 한계를 갖고 있다. 이를 극복하려면 사례연구나 설문조사를 통해 미시적으로 개별 투자기업의 의사결정이나 이들이 직면하는 문제를 확인할 필요가 있다.

설문조사 등의 방식으로 미시적으로 대중투자기업의 경영실태에 접근한 초기의 연구로는 한국무역협회(1995), 대한상공회의소(1997 ; 1997) 등이 있다. 또한 광범한 사례를 통해 대중투자기업의 현황에 접근한 것으로는 대한상공회의소(1998), 대한무역투자진흥공사(2002, 이하 KOTRA) 등이 있다. 그러나 이들은 대부분 1990년대 중후반까지의 현황을 대상으로 한 것이어서 급변하는 대중투자기업의 경영실태를 반영하지 못하는 한계가 있었다.

2002년 이후 대중투자가 급증함에 따라 국내기업의 중국투자에 대한 관심이 커졌다. 특히 제조업 공동화 우려가 언론을 통해 확대되면서 이러한 관심은 배가되었다. 이에 따라 2003년부터 중국투자기업에 대한 각종 설문조사가 이루어졌다. 무역협회(2003), 전국경제인연합회(2004), KOTRA(2004 ; 2006), 지만수 외

(2004) 등이 대표적이라고 할 수 있다.

이중 무역협회(2003)는 대중투자기업의 매출입 구조를 집중 분석함으로써 대중투자가 한중교역에 미치는 효과를 추정하였다. 즉 한국 대중수출의 상당 부분이 대중투자기업의 원부자재 조달과정에서 발생하고 있다는 점을 밝힘으로써 한국의 일방적인 대중 무역수지 흑자의 일부분을 설명하였다. 또한 대중투자기업의 고용창출 효과도 분석하였다. 이 연구는 투자기업 자체에 대한 분석보다는 한국기업의 대중투자가 한중 교역구조 및 중국경제에 미치는 영향을 분석하였다는 점에서 기존의 연구들과 구별된다.

대중투자가 양국 교역에 미치는 영향에 관해서는 이재우(2004)도 1988년부터 2004년까지의 분기별 자료를 이용하여 VEC(vector error correction)모형을 사용한 분석을 제시하고 있다. 그는 1999년 이전에는 투자의 수출대체효과가 나타났으나, 1999년 외환위기 이후에는 대중투자가 대중수출의 증가요인으로 작용하였다고 결론내리고 있다.[3]

또한 지만수 외(2004)는 대중투자의 현황, 특징, 동기, 성과 등을 분석함과 아울러 대중투자가 한국경제에 미치는 영향을 무역 및 산업공동화에 미치는 영향으로 나누어 검토하고 있다.

전국경제인연합회(2004)나 KOTRA(2004), 중소기업중앙회(2006), 무역협회 동향분석팀(2006) 등은 중국진출기업의 경영성과, 애로사항, 향후 투자계획 등을 파악하고 있다. 특히 이들은 2004년 실시된 중국의 경기긴축 정책, 전력부족 문제, 위안화 환율 문제 등 당시의 현안에 대한 기업의 인식을 묻고 있다. 따라서 이러한 설문조사는 중국에 투자한 한국기업의 경영실태를 파악하는 데 중요한 자

---

3 이재우(2004)는 1999년 이후를 WTO 가입 이후라고 해석하고 있으나 중국의 WTO 가입은 2001년 12월이었다. 아마도 중국이 WTO 가입을 위한 각 회원국과의 양자협상 가운데 관건이 되었던 미국과의 협상이 대체로 마무리된 1999년을 사실상 WTO 가입이 예견되기 시작한 시점으로 해석하는 것으로 보인다.

료를 제공하고 있다. 그러나 KOTRA 등에서 정기적으로 실시하는 설문조사 및 그 보고들은 설문조사의 결과를 있는 그대로 보고하는 데 그치고 있다. 즉 응답의 의미를 본격적으로 해석하고 상세한 정책 시사점을 제시하는 것은 이들 보고서의 목적이라고 보기 어렵다.

한편 중국에 투자했던 한국기업 중에는 투자에 실패하여 철수하는 사례도 다수 발생하고 있다. 대중투자 한국기업의 철수사례에 대해서는 김주영(2004)이 사업기간, 지역, 업종, 기업규모, 투자형태 별로 분석하였다. 또한 한병섭(2004)은 투자기업의 철수 결정요인을 상장기업의 자회사를 대상으로 분석하였다.[4] 중국 진출 한국기업의 경영 현지화에 관해서는 백권호 외(2002)가 현지 직원에 대한 설문조사 등을 이용하여 주로 인력 및 노무관리의 현지화를 중심으로 상세히 분석하였다(지만수 외 2004, 23~26).

3. 연구대상과 방법

이 책에서는 한국기업의 대중투자의 현황, 특징, 동기, 성과 등을 확인하고 그 변화방향을 살펴본 뒤, 이를 글로벌 생산 네트워크의 형성이라는 관점에서 해석하고 그에 근거하여 향후의 변화 방향을 전망하고자 한다. 이 과정에서 중국에 투자하는 기업에 대한 시사점도 제시할 수 있을 것이다.

먼저 제2장에서는 한국수출입은행의 해외투자통계 데이터베이스를 이용해 한국기업의 대중투자의 현황과 그 부침을 확인한다. 지난 15년간 한국의 대중투

---

4 한병섭(2004)에서는 이항 로지스틱스 분석을 이용하여 철수결정요인으로 투자지역의 기업밀도, 모기업의 재무자원 가용성, 단독투자와 합자투자, 진입기간 등을 검토하였다.

자는 지속적으로 늘어나기만 한 것이 아니라 1996년까지의 급증, 2001년까지의 정체, 2002년 이후의 급증 등 큰 부침을 보였다. 그러한 부침의 이유를 확인하기 위해 한국의 해외투자 전체의 변화와 그 속에서 대중투자의 위상 변화를 살펴보고, 중국에 대한 외국인투자 전체의 동향과 한국의 대중투자동향을 비교하였다. 이를 통해 한국기업 대중투자의 부침은 한국기업의 해외투자 능력의 변화와 중국의 투자환경 변화에 영향을 받은 것임을 확인할 수 있었다.

제3장에서는 한국기업의 대중투자가 보여주는 특징을 업종, 주체 및 규모, 투자입지선정 등의 측면에서 살펴보았다. 나아가 1993년 이후 2006년까지 한국의 대중투자의 주요 특징이 어떠한 변화를 보여주었는지를 확인하였다. 이러한 변화를 확인함으로써 앞으로 한국의 대중투자가 어떠한 방향으로 나아갈 것인가에 대해서도 어느 정도 시사를 얻을 수 있었다. 특히 여기서도 한국의 해외투자 전체가 보여주는 특징과 중국에 대한 각국의 투자 전체가 보여주는 특징을 함께 비교함으로써 한국기업의 대중투자가 갖는 특징과 변화방향을 보다 분명히 보여주고자 하였다.

제4장에서는 대중투자의 특징이나 전략을 결정하는 가장 중요한 변수라고 할 수 있는 투자동기를 분석하였다. 여기서는 우선 지금까지 일반적으로 기업의 해외투자동기로 알려진 비용절감형 투자동기와 시장지향형 투자동기를 검토하였다. 동시에 최근 새로운 투자동기로 부상하고 있는 동반진출형 투자동기에 대해서도 검토하였다. 투자동기를 검토하기 위해서 먼저 중국투자기업에 대해 지금까지 실시된 다양한 설문조사 내용을 활용하였다. 또한 설문조사를 통한 조사가 가지고 있는 한계인 응답의 주관성을 극복하기 위해 대중투자기업의 매출구조를 별도로 검토하여 실제 기업의 경영에 투자동기가 어떻게 반영되는지를 확인하였다. 마지막으로 한국기업의 중국 성별 투자자료를 활용하여 한국의 경제위기를 전후한 두 번의 대중투자 급증기에 한국기업의 대중투자동기가 어떻게 변화하고 있는지를 계량경제학적 분석을 통해 확인하였다.

이처럼 다양한 방식으로 투자동기 및 그 변화를 검토하는 과정에서 지금까지 일반적으로 사용되어 온 투자동기의 분류법으로는 실제 기업의 투자행태를 설명하는 데 적지 않은 한계가 있다는 점도 확인하였다.

제5장에서는 대중투자기업의 경영성과를 다양한 방식으로 확인하고 기업의 경영전략이 그 성과에 어떠한 영향을 미치는지도 검토하였다. 여기서도 먼저 그동안 이루어진 다양한 설문조사를 통해 얻은 투자기업의 성과를 살펴보았다. 또한 성과에 대한 응답이 가질 수 있는 편이와 주관성을 극복하고 개별기업 수준의 성과를 확인하기 위해 2004년 298개 기업에 대해 실시한 설문조사 자료를 활용하여 직접 개별기업의 매출이익률을 추정하였다.

나아가 이렇게 추정된 매출이익률을 활용하여 투자기업의 경영성과와 경영전략의 관계를 살펴보았다. 즉 업종, 지역, 규모, 매출입 구조 등의 차이가 기업의 경영성과에 어떠한 차이를 가져오는지를 확인하였다. 이 과정에서 다양한 기업특징 간의 관계를 교차 확인함으로써 대중투자기업의 행태를 더욱 풍부하게 이해하고자 하였다.

마지막으로 역시 추정된 매출이익률을 사용하여 투자기업의 경영성과를 결정하는 요인과 각 요인의 효과를 계량경제학적으로 추정하여 대중투자기업의 경영성과와 경영전략 사이의 관계를 더욱 체계적으로 설명하고자 하였다.

제6장 결론에서는 연구를 통해 확인한 대중투자의 특징, 변화, 성과 등을 글로벌 생산 네트워크의 형성이라는 새로운 관점에서 해석하고자 하였다. 즉 연구과정에서 기존의 관점으로는 충분히 설명되지 않는 사실들이 발견되었는데, 글로벌 생산 네트워크의 형성이라는 관점을 추가하여 한국의 대중투자를 설명할 경우 이러한 현상들이 더욱 잘 설명될 수 있다는 사실을 보이고자 하였다. 동시에 대중투자의 향후 변화방향을 전망하는 데도 이러한 새로운 관점이 하나의 준거점 역할을 할 수 있음을 보였다.

제2장

한국의 대중투자 현황

1. 대중투자의 빠른 증가

한국의 대중투자는 1992년 수교 이후 빠른 속도로 늘어났다. 한국기업의 대중투자는 수교 이전인 1991년까지 이루어진 것을 모두 합해도 101건 6,500만 달러 수준에 불과하였다.[1] 그러나 수교한 해인 1992년에만 연간 투자규모가 1억 달러를 넘어선 데 이어, 2002년에는 연간 10억 달러를 넘어섰다. 2002년 이후 대중투자는 매년 최고 기록을 갈아 치웠다. 2006년에는 한해 2,300건 33억 1천만 달러의 대중투자가 이루어졌다.

그 결과 2007년 3월까지 대중투자 누계는 총 16,426건에 178억 달러를 기록하였다. 이는 한국의 전체 해외직접투자 건수의 47.3%, 액수의 24.6%에 해당한다.

그러나 한국의 대중투자가 규모가 매년 늘어나기만 한 것은 아니다. 한국의 대중투자는 수교 이후 4년 만인 1996년 9억 3천만 달러에 달할 정도로 크게 늘었으나, 이후 감소세로 돌아서 1999년에는 3억 6,600만 달러 수준까지 줄어들었다.

---

1 이 책에서는 한국수출입은행의 '해외투자통계정보'가 제공하는 한국의 대외투자 자료를 활용하였다. 한국수출입은행 홈페이지는 한국의 국별, 산업별, 기업규모별, 투자규모별 해외투자통계를 상세하게 제공하고 있다.

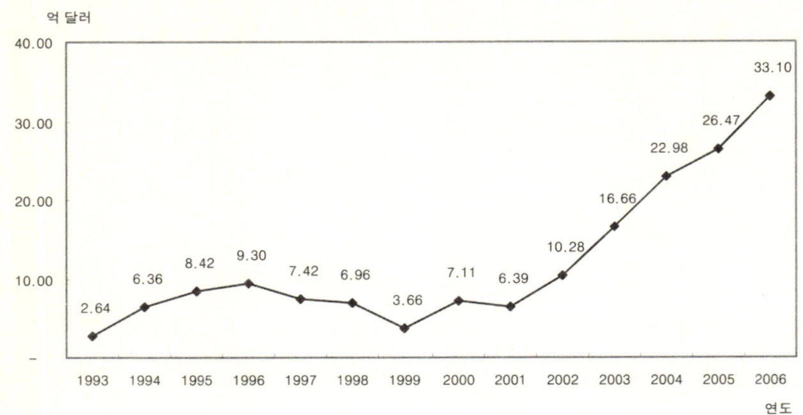

〈그림 2-1〉 한국의 대중투자액 변화 (1993~2006)

출처 : 한국수출입은행.

이후 2001년까지도 1996년의 수준을 회복하지 못하였다. 그러나 2002년 10억 달러를 넘어서면서 다시 1996년의 수준을 회복하였고, 이후 매년 큰 폭의 증가를 거듭하고 있다.

즉 한국의 연간 대중투자규모는 1992년부터 1996년까지의 급증기, 1997년부터 2001년까지의 정체기, 2002년 이후 급증기 등 지난 15년간 대체로 세 단계를 거쳤다.

이렇게 길지 않은 기간 동안 대중투자가 두드러지는 부침을 보인 이유는 첫째로 이 기간 동안 경제위기 등을 거치면서 한국기업의 해외투자 전체의 추세가 변화하였고, 둘째로 중국의 투자환경이 변화하였기 때문이다. 즉 한국기업의 해외투자 능력의 변화라는 주체적 요인과 중국의 투자환경이라는 객관적 요인이 각각 변화를 겪었다.

2. 한국의 해외투자와 대중투자

한국기업이 본격적으로 해외투자에 나선 것은 1980년대 후반 이후이다. 그 전까지 한국은 장기간의 경상수지 적자로 인한 외채누적과 외환부족에 시달리고 있었다. 이러한 환경에서 기업의 해외투자는 억제될 수밖에 없었다. 1977년 중동 건설경기의 활성화로 사상 처음 경상수지 흑자를 기록한 것을 계기로 1978년 12월에 (해외) 투자가능업종 지정제(positive system)를 폐지하고 투자 장려, 억제 및 불허 업종으로 구분하는 등 해외투자 관련제도를 정비하였으나 해외투자가 활성화되지는 않았다. 1960년부터 1980년까지 한국의 해외투자 누계는 1.4억 달러 수준에 머물렀고 그나마 제조업 투자액은 3,322만 달러에 불과했다.

그러나 1986년부터 한국은 이른바 '3저 호황'을 경험했다. 이 기간 동안 낮은 유가, 국제이자율, 원화가치의 영향으로 경상수지가 대폭 흑자로 전환되고 만성적인 외환부족이 해소되었다. 이를 계기로 해외투자 관련규정도 완화되었다. 1987년에는 백만 달러 이하의 해외투자에 대해서는 해외투자신고제가 도입되었다. 또 1992년 9월에는 해외투자기업에 대한 자기자금 조달의무규정이 폐지되었다. 1996년 6월에는 해외투자에 대한 자동허가제도가 도입되고, 1999년 4월에는 해외투자심의위원회 사전심의제가 폐지되는 한편 금융, 보험업 등에 대한 해외직접투자 제한도 완화되었다(이규성 2007. 1033).

이러한 제도변화에 발맞추어 1987년 한해에만 4억 달러가 넘는 해외투자가 이루어졌고, 1989년 5.7억 달러, 1991년 11억 달러, 1994년 23억 달러, 1996년 44억 달러 등으로 해외투자가 늘어나기 시작한다.

그러나 1997년 경제위기는 이러한 해외투자의 빠른 증가세를 변화시켰다. 즉 1997년부터 2002년까지 한국기업의 해외투자는 증가와 감소를 거듭하면서 대체로 30억 달러에서 50억 달러 사이를 오간다. 비록 경제위기 기간 동안 한국기업의 해외투자가 격감한 것은 아니나, 기업 경영환경이 급변하고 환율 불안정

<표 2-1> 한국의 해외직접투자와 대중투자 (단위 : 건, 억 달러, %)

연도	해외투자		대중투자		비율	
	투자건수	투자액수	투자건수	투자액수	건수비율	액수비율
1993	689	12.64	382	2.64	0.55	0.21
1994	1,487	23.04	840	6.36	0.56	0.28
1995	1,332	31.02	751	8.42	0.56	0.27
1996	1,472	44.58	740	9.30	0.50	0.21
1997	1,330	37.10	631	7.42	0.47	0.20
1998	617	48.12	266	6.96	0.43	0.14
1999	1,095	33.29	459	3.66	0.42	0.11
2000	2,082	50.69	774	7.11	0.37	0.14
2001	2,153	51.64	1,049	6.39	0.49	0.12
2002	2,490	36.97	1,385	10.28	0.56	0.28
2003	2,809	40.62	1,679	16.66	0.60	0.41
2004	3,764	59.89	2,142	22.98	0.57	0.38
2005	4,389	65.57	2,240	26.47	0.51	0.40
2006	5,185	107.31	2,300	33.10	0.44	0.31

출처 : 한국수출입은행.

등이 거듭되면서 한국기업의 해외투자도 매년 급등락을 거듭하는 불안한 추이를 보인 것이다.

그러나 2002년 이후 한국기업의 해외투자는 다시 일관된 증가세를 보이기 시작했다. 2004년에 총액이 60억 달러를 기록한 데 이어 2006년에는 처음으로 100억 달러를 넘는 107억 달러를 기록하였다.

앞에서 살펴본 한국의 대중투자의 부침은 기본적으로 한국의 해외투자 전체의 동향을 반영한다. 즉 1996년까지 비교적 일관되게 한국의 해외투자가 급증하던 시기에 대중투자 역시 급증세를 이어갔다. 반면, 2002년까지 한국의 해외투자가 경제위기의 영향을 받아 매년 급등과 급감을 거듭하던 시기에는 대중투자는 침체하였다. 그러나 2002년 이후 한국의 해외투자가 다시 활성화되면서 대중투자도 2006년까지 급등세를 이어갔다.

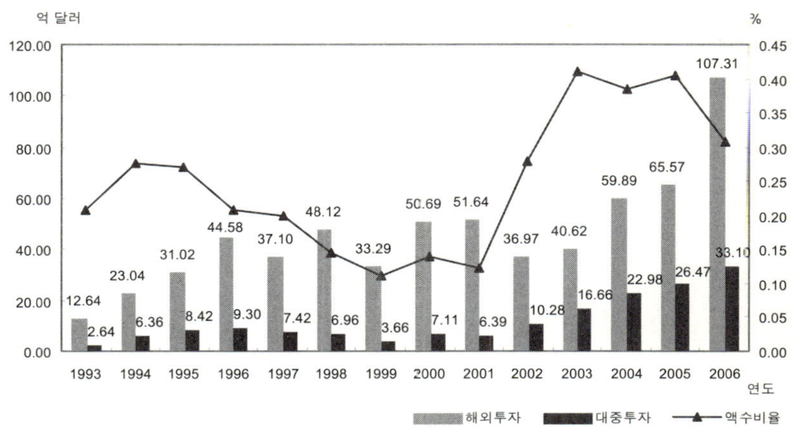

〈그림 2-2〉 한국의 해외투자, 대중투자, 대중투자 비율 (1993~2006)

출처 : 한국수출입은행.

한국의 해외투자 전체의 동향은 해당 시기 한국기업의 해외투자 능력을 보여주는 지표이다. 즉 1993년 이후 한국의 대중투자 총액이 보여주는 부침은 결국 한국기업의 해외투자 능력의 변화를 충실히 반영하는 것이라고 해석할 수 있다.

그렇지만 한국의 대중투자는 해외투자 전체의 부침보다 훨씬 더 큰 폭으로 움직였다. 즉 경제위기 직후 한국의 해외투자는 수년간 급증과 급감을 거듭한 반면 대중투자는 1997년에서 1999년간 일관된 감소세를 보였다. 반면 2002년 이후 한국의 해외투자가 회복되는 시기에 대중투자는 한국의 해외투자 전체의 증가 속도보다 훨씬 빠르게 증가하였다.

이는 한국의 해외투자에서 대중투자가 차지하는 비율의 변화로도 표현된다. 대중투자가 한국의 전체 해외직접투자에서 차지하는 비율 변화를 보면, 1990년대 중반 건수 기준으로 50% 이상, 액수 기준으로 27~28%에 이르는 상승세를 보였다. 그러다가 1998년부터 2001년까지는 전체투자의 10% 대로 크게 줄었다. 이는 대중투자가 해외투자 전체의 둔화보다 훨씬 빠르게 줄었기 때문에 나타난 현

<표 2-2> 한국의 국가별 해외투자 누계(2007년 3월) (단위 : 건, 백만 달러)

국가	신고건수	신고액수	실행건수	실행액수
중국	18,352	26,813	16,426	17,815
미국	7,883	21,319	7,408	17,219
홍콩	981	4,457	860	3,075
네덜란드	96	2,989	86	2,426
인도네시아	1,000	4,917	881	2,416
베트남	1,215	5,092	1,097	2,412
영국	193	2,808	181	2,004
버뮤다	12	1,641	12	1,588
일본	1,222	1,934	1,146	1,581
싱가포르	273	2,027	256	1,487
독일	271	1,502	254	1,219
캐나다	379	2,588	357	1,193
인도	302	1,669	271	1,089
폴란드	106	1,655	97	1,056
오스트레일리아	408	3,087	376	1,011
예멘	6	1,344	6	1,010

상이다.

대중투자의 비율은 2002년부터 다시 크게 늘어서 2003~2005년에는 매년 40% 수준을 기록하였다. 이 기간에 한국기업의 해외투자가 꾸준히 늘었는데, 대중투자는 그보다 훨씬 빠른 속도로 늘어났기 때문이다. 다만 2006년에는 해외투자 전체 규모가 2005년의 65억 달러에서 107억 달러로 유례없는 규모로 늘어났다. 이에 따라 대중투자도 26억 달러(2005년)에서 33억 달러로(2006년) 크게 늘어나 사상 최고치를 기록했음에도 불구하고 한국기업의 전체 해외투자액에서 대중투자액이 차지하는 비율은 31% 수준으로 줄어들었다.

2007년 3월까지 한국의 각국별 해외투자의 누계를 보면 대중투자누계는 178억 달러로 누계기준으로 중국은 이제 미국을 제치고 한국기업이 가장 많은 액수를 투자한 나라가 되었다. 다음은 세계 최대의 시장인 미국으로 투자누계가 172

〈표 2-3〉 2006년 각국에 대한 한국의 해외투자 (단위 : 건, 백만 달러)

국가	신고건수	신고액수	실행건수	실행액수
중국	2,290	4,517	2,303	3,320
미국	1,273	2,150	1,257	1,759
베트남	282	1,702	276	588
홍콩	112	1,097	104	725
캐나다	77	899	77	390

출처 : 한국수출입은행.

억 달러에 달한다. 홍콩에 대한 투자누계는 30억 달러에 달하는데, 홍콩은 중국에 대한 투자의 경유지 기능도 일부 수행한다. 그 밖에 유럽의 관문인 네덜란드, 인구 및 자원 부국으로 한국기업이 비교적 일찍 투자하기 시작했던 인도네시아, 최근 중국을 대체하는 중소기업 투자처로 주목받고 있는 베트남 등이 뒤를 잇고 있다.

최근의 동향을 보기 위해 2006년 한 해 동안의 투자액(실행액)만을 보면 중국이 33억 달러로 1위, 미국이 17억 달러로 2위, 홍콩이 7억 달러로 3위, 베트남이 약 6억 달러로 4위 등을 기록하고 있다. 특히 베트남은 실행액이 아닌 신고액 기준으로는 17억 달러로 미국에 이은 제3위의 투자처로 부상하고 있다.

3. 중국의 외국인투자유치와 한국기업의 대중투자

한편 1990년대 이후 한국기업의 대중투자의 급격한 부침은 중국에 대한 각국의 투자양상과도 기본적으로 부합한다. 중국의 FDI(Foreign Direct Investment, 외국인직접투자) 유치액은 1992년 100억 달러를 넘어선 후 1997년까지 빠른 속도

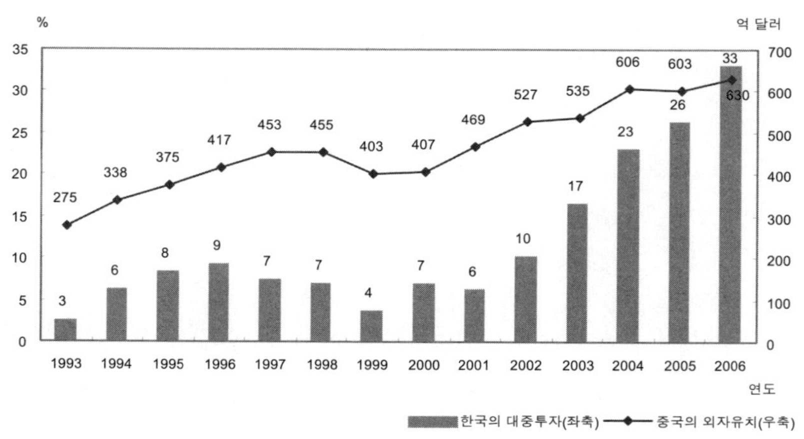

〈그림 2-3〉 중국 FDI 유치액과 한국의 대중투자액

출처 : 한국수출입은행.

로 증가하여 452억 달러 수준에 달했다. 그러나 1998년부터 2000년 기간에 감소 또는 정체를 보여 2000년의 FDI 유치액은 407억 달러였다. 중국의 FDI 유치액은 2001년 이후 다시 빠른 증가세를 보였다. 이후 2004년부터는 600억 달러 수준에서 성장세가 약간 둔화되었다.

이를 한국의 대중투자의 부침과 연결해보면, 중국에 대한 외국인투자와 한국의 대중투자 추이는 약간의 시차는 있지만 거의 일치하는 것으로 나타난다. 다만 2004년 이후 2006년까지 중국에 대한 외국인투자는 600억 달러 선에서 성장세가 둔화된 반면 한국의 대중투자는 2004년 이후에도 빠르게 증가하고 있다.

한편 중국의 전체 외자유치 실적 중에서 한국의 대중투자가 차지하는 비율은 높아지고 있다. 즉 1993년 1% 수준에서 1996년에는 2.2%로 높아졌다가 대중투자가 격감한 1999년에는 0.9%까지 낮아졌다. 그러나 한국의 대중투자가 두 번째 성장기를 맞이한 2000년대 들어 그 비율이 꾸준히 높아져 2006년에는 5.3%를 기록하고 있다.

28

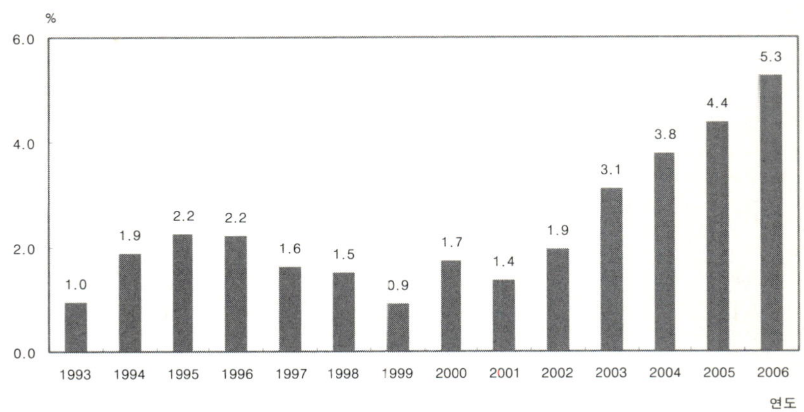

〈그림 2-4〉 중국의 외자유치 중에서 한국의 대중투자가 차지하는 비율

출처 : 『中國統計年鑑』 ; 중국 상무부 홈페이지 ; 한국수출입은행.[2]

이처럼 대중투자에서 차지하는 비율이 변한다는 것은 한국의 대중투자가 중국에 대한 외국인투자의 전체 동향과 함께 움직이고 있기는 하지만 그 변화폭에는 차이가 있음을 보여주는 것이다. 즉 한국의 대중투자는 두 차례의 성장기에는 중국의 외자유치 중에서 차지하는 비율이 커지나, 정체기에는 줄어들었다. 이는 한국의 대중투자가 늘어날 때는 다른 외국인투자의 증가보다 더 큰 폭으로 늘어나고(1990년대 전반 및 2002년 이후), 줄어들 때는 다른 나라들의 대중투자에 비해 더 큰 폭으로 줄어들고 있음을 보여주는 것이다.

중국에 대한 각국의 투자총액의 변화는 사실상 중국의 투자환경 및 투자흡인력을 반영한다. 따라서 한국의 대중투자가 각국의 대중투자에 비해 훨씬 민감하

---

2 중국의 한국투자유치통계는 한국수출입은행이 집계한 대중투자통계보다 일반적으로 더 크다. 경우에 따라 2배 이상 차이가 나기도 한다. 따라서 중국 측에서 집계하는 중국의 외국인투자유치에서 한국이 차지하는 비율은 훨씬 크다.

<표 2-4> 한중 간 대중투자통계 비교 (단위 : 백만 달러)

	중국의 한국투자유치(A) 중국 상무부	한국의 대중투자(B) 한국 수출입은행	A-B	A/B
1992	1.20	1.41	-0.21	0.9
1993	3.85	2.64	1.20	1.5
1994	7.95	6.36	1.59	1.3
1995	11.91	8.42	3.48	1.4
1996	15.04	9.30	5.74	1.6
1997	22.28	7.42	14.86	3.0
1998	18.03	6.96	11.07	2.6
1999	12.75	3.66	9.09	3.5
2000	15.00	7.11	7.89	2.1
2001	21.52	6.39	15.13	3.4
2002	27.21	10.28	16.93	2.6
2003	44.89	16.66	28.23	2.7
2004	62.48	22.98	39.50	2.7
2005	51.68	26.47	25.21	2.0
2006	38.94	33.10	5.84	1.18

출처 : 『中國統計年鑑』; 중국 상무부 홈페이지 ; 수출입은행.

게 변화한다는 것은 한국기업이 대중투자를 결정할 때 중국의 투자환경 변화에 다른 나라 기업보다 더 민감하게 반응하고 있음을 보여준다고 해석할 수 있다.

한편 지금까지 제시한 한국기업의 대중투자통계는 중국 상무부가 집계한 한국기업으로부터의 투자유치 통계와는 상당한 차이가 있다. 한국의 대중투자통계는 한국수출입은행을 통해서 집계된다. 반면 중국은 상무부가 각국으로부터의 대중투자를 집계하고 발표한다.

그런데 특히 1997년 이후 중국 측이 집계한 한국기업의 대중투자액수가 한국수출입은행이 집계한 액수보다 2~3배가량 많은 것으로 나타나고 있다. 한국 통계로 보면 대중투자가 전년에 비해 감소했던 1999년과 2001년은 투자액이 3배가 넘게 차이가 난다.

<표 2-5> 중국에 대한 주요 투자국과 순위 (단위 : 억 달러, %)

순위	국가	2005		2006	
		투자액	비율	투자액	비율
	전 세계	603	100	630	100
1	홍콩	179.4	29.8	202.3	32.1
2	버진 아일랜드	90.2	15.0	112.5	17.8
3	일본	65.3	10.8	45.9	7.3
4	한국	51.7	8.6	38.9	6.2
5	미국	30.6	5.1	28.6	4.5
6	싱가포르	22	3.6	22.6	3.6
7	타이완	21.5	3.6	21.3	3 4
8	케이만 군도	19.5	3.2	20.9	3.3
9	독일	15.3	2.5	19.7	3.1

출처 : 중국 상무부 홈페이지, www.fdi.gov.cn.

그 결과 한국 측 통계에 따르면 2006년까지 한국기업의 대중투자 누계는 178억 달러이지만, 중국은 한국기업의 투자누계가 348.9억 달러에 이르는 것으로 집계하고 있다(『中國經濟時報』 2007.3.29).

이처럼 양국의 집계가 다른 원인은 주로 현지에 이미 투자한 기업에 의한 재투자나 현지에서의 법인변경 등을 통해 중국 측이 한국기업의 신규 투자로 파악하는 부분이 한국 측 통계에는 잡히지 않기 때문이다. 또한 식당 등 소규모 서비스업에 투자하는 경우 한국에서 신고하지 않고 투자하는 경우도 적지 않다(무역협회 무역연구소 2003, 7).

이러한 차이는 중국 내에서 한국기업에 의한 추가투자나 소규모 투자가 활발하다는 신호이기도 하다. 그렇지만 이러한 통계의 차이 때문에 대중투자의 정확한 규모를 파악하기가 곤란하고, 대중투자가 한국경제에 미치는 영향에 대해서도 정확하게 인식하기가 힘들다.

중국 측의 국가별 투자유치 통계에 따르면, 한국은 2005년과 2006년 홍콩, 버진 아일랜드, 일본에 이은 4대 투자국이었다. 이 중 중국과 특수한 관계에 있는 홍콩과 조세 피난처인 버진 아일랜드를 제외하면,[3] 사실상 한국은 일본에 이어 두 번째 대중투자국이다. 특히 2004년에는 한국의 대중투자액이 62억 달러에 달해 54억 달러에 머무른 일본을 제치고 사실상 제1위의 투자국이었다.

4. 대중투자가 늘어나는 이유 : 글로벌 생산 네트워크

지금까지 살펴본 대중투자의 큰 부침에도 불구하고 최근의 한국기업의 대중투자가 보여주는 가장 큰 특징은 2001년 이후 투자가 급증하고 있다는 것이다. 한국수출입은행에 의하면 우리 기업의 대중투자는 2006년 2,300건 33억 달러에 달했다. 2001년 6억 달러 수준이었던 대중투자는 2001년 12월 중국의 WTO 가입 이후 급증하기 시작해 2002년 10억 달러를 넘었고, 2004년 22억 달러에 달했으며, 다시 2년 만에 2006년 33억 달러를 넘어섰다.

그렇지만 같은 시기에 중국의 노동자 평균 임금은 매년 10% 이상 빠르게 상승했고, 경쟁도 치열해졌다. 때문에 중국에 투자한 한국기업이 많은 경영 어려움을 겪고 있다거나 중국의 외자기업 투자환경이 악화되고 있다는 주장이 여러 차례 제기되기도 하였다.[4] 그럼에도 불구하고 대중투자는 오히려 늘어나고 있다.

이러한 역설을 어떻게 이해해야 할까? 단순하게 생각하면 임금상승이나 중

---

3 홍콩은 1997년 중국에 귀속되었다. 또한 전 세계 각국의 중국투자의 경유지 역할을 하고 있다. 또한 버진 아일랜드, 케이만 군도 등은 세계적인 조세피난처(tax haven)로 이 지역을 경유한 대중투자의 규모가 매우 크다.

4 특히 2006년 중국 현지에서는 중국의 투자환경 악화에 대한 우려가 어느 때보다도 높았다. 일부 지역에서는 '야반도주'라는 소문이 들리고 국내에서 중요한 이슈가 되기도 했다. 그 결과 2006년 말에는 산업자원부, 무역협회 등이 중국투자기업에 대한 긴급 실태조사에 나서기도 하였다(무역협회 동향분석팀 2006 등).

국정부의 에너지, 환경, 노동자 보호와 관련한 각종 규제의 신설에도 불구하고 여전히 한국기업들이 중국의 투자환경을 좋게 보고 있다는 얘기일 수도 있다. 또한 현장에서 들리는 목소리는 일부 기업의 엄살일 뿐이고 중국투자의 성공 가능성은 아직도 매우 높다는 얘기일 수도 있다. 이를 분명히 이해하려면 대중투자가 늘어나는 원인을 다시 점검해 볼 필요가 있다.

첫째, 중국은 여전히 저렴하고 풍부한 노동력과 값싼 토지를 공급해주고 있다. 최근 중국 연해지역의 임금이 빠르게 오르면서 베트남 등이 새로운 투자 후보지로 부상하고 있지만, 아직 대세를 바꿀 정도는 아니다. 단순한 임금수준뿐 아니라, 인프라, 사회제도, 지리적 접근성도 중요하기 때문이다.

둘째, 2004년 이후 수년간 지속되고 있는 원화 강세도 중요한 요인이다. 원화 강세로 인해 국내에서 생산하여 수출하는 것은 점점 어려워지는 반면, 같은 돈을 해외에 투자하면 훨씬 큰 힘을 발휘할 수 있다. 2004~2005년 60억 달러 수준에 머물렀던 한국의 전 세계에 대한 해외투자 총액이 2006년에는 107억 달러로 크게 늘어난 것도 원화 강세에 힘입은 바 크다. 해외투자 가운데 대중투자가 차지하는 비율만으로 보면 2006년에 31%로 2005년 40% 수준에 비해 오히려 줄어들었다.

셋째, 양국 간 비용요인을 넘어서 더 근본적인 세계적 변화추세 속에서 한국기업의 대중투자나 해외투자가 늘어나는 원인을 이해해 볼 필요가 있다. 정보통신기술의 발전과 BRICs(2000년대를 전후해 빠른 경제성장을 거듭하고 있는 브라질 · 러시아 · 인도 · 중국 4개 신흥경제국을 말한다) 같은 새로운 대규모 경제의 세계시장 동참을 계기로 이른바 '글로벌 생산 네트워크'의 형성은 더욱 가속되고 있다. 즉 기업이 세계 각지의 저렴하고 경쟁력 있는 생산요소를 따라 전보다 더욱 신속하게 생산거점을 옮기고 있다. 한국기업도 이러한 세계적 추세에서 예외가 될 수는 없다.

넷째, 글로벌 생산 네트워크의 형성과 관련하여, 중국에서 새롭게 형성되고 있는 경쟁력에도 주목할 필요가 있다. 10년 이상 꾸준히 외자기업의 생산거점이 중국으로 집중적으로 이전되면서 중국에는 이제 저렴한 노동력 말고도 '집적'(clustering)에서 비롯되는 새로운 경쟁력이 생기기 시작한 것으로 보인다. 즉 중국에 대한 외자기업의 투자누계가 7,000억 달러에 달하고 다국적기업이 경쟁적으로 생산설비를 이전한 결과 베이징-톈진, 상하이, 산둥, 광둥 지역에는 국제적인 산업 클러스터가 형성되었다. 다양한 제품을 생산하는 각종 업체들이 이들 지역에 집적됨으로써 많은 부품을 사용하는 조립형 산업의 경우에도 부품 조달 면에서 큰 경쟁우위를 누릴 수 있게 되었다. 중국의 주요 공업도시들은 저렴한 노동력 말고도 부품 제공 능력이라는 강력한 경쟁력을 갖게 되었다. 더불어 중국의 제도나 주요 지역의 인프라도 크게 개선되었다. 즉 글로벌 생산 네트워크의 중심으로서 중국의 흡인력은 더욱 강해졌고 이 새로운 경쟁력을 활용하기 위하여 점점 더 많은 기업이 중국으로 몰려들고 있는 것이다(지만수 2007, 18-20).[5]

---

[5] 중국의 경쟁력이 저렴한 노동력을 넘어서고 있다는 것은 수출품의 구성에서도 드러난다. 2006년 중국의 수출 상위 20대 품목(HS 4단위)을 보면 의류, 가방, 신발, 가죽 같은 노동집약적 산업도 있지만 가장 큰 비율을 차지하는 것은 조립형 산업의 성격이 강하고 집적 이익이 큰 전기전자 산업이다. 이들은 중국 20대 수출품 중 11개를 차지한다.

제3장

한국기업 대중투자의 특징

한국기업의 대중투자 특징에 관해서는 많은 연구들이 공통적으로 업종 면에서는 제조업의 비율이 높고, 주체 및 규모면에서는 중소기업에 의한 소규모 투자가 많은 편이며, 지리적으로는 한국과 가까운 지역에 집중된다고 지적하고 있다.

대한상공회의소(1997a)는 1996년까지는 대중투자 현황을 분석하고, 대중투자의 빠른 증가, 환발해 지역에 대한 투자 편중, 제조업에 집중, 작은 투자규모 등을 한국기업 대중투자의 특징으로 제시했다. 김익수(1999)는 중소기업에 의한 원가절감형 투자, 제조업 중심의 투자, 환발해만 지역으로의 집중, 다수지분 전략 등을 꼽고 있다(김익수 1999, 333~334). 김주영(2001 ; 2002)도 높은 제조업 비율, 소규모 투자 위주, 높은 중소기업 투자비율, 지역적 편중 투자 등을 중요한 특징으로 지적했다.

한국 대중투자의 특징 가운데 업종, 주체, 규모의 특징은 한국의 다른 해외투자와 비교할 때 두드러진다. 또한 중국 내에서 입지선정의 특징은 중국에 투자하고 있는 다른 외국인투자의 동향과 비교하면 분명히 드러날 것이다.

한편 앞에서 살펴본 것처럼, 한국의 대중투자는 지난 15년간 적지 않은 부침과 변화를 겪었으며, 대중투자의 특징도 시간이 지나면서 변화하고 있다. 따라서 한국의 대중투자의 특징이 시기에 따라 어떻게 변화하고 있는지를 확인할 필요도 있다.

1. 산업과 업종의 특징

1) 높은 제조업 투자비율

2007년 3월까지 중국에 대한 투자액 누계의 업종별 비율을 보면 제조업이 83.9%(149억 달러)를 차지하고 있다. 다음으로 도소매업이 5.1%, 서비스업이 3.0%, 건설업이 2.3%, 숙박음식점업이 1.9%의 순이다. 즉 중국에 대한 투자는 대부분 제조업인 것이다.

물론 한국이 비교적 제조업의 비율이 높은 편인 나라이고, 서비스업이나 농업에 비해 제조업의 국제 경쟁력이 높은 편이기 때문에 해외투자의 중심이 제조업이 되는 것은 자연스러운 결과일 수도 있다.

그러나 중국에 대한 투자를 제외한 나머지 지역에 대한 해외투자 누계 1만 8천여 건 546억 달러 가운데 제조업이 차지하는 비율은 42.4%에 불과하다. 즉 중국을 제외한 지역에 대한 한국기업의 해외투자(이하 비중국투자)에서는 도소매업 투자가 24%, 131억 달러에 달할 뿐 아니라 광업에 대한 투자도 9.7% 53억 달러에 이른다. 반면 중국에 대한 투자에서는 도소매업 투자는 5.1%에 불과하고, 광업투자 역시 73건 6천만 달러로 0.3%를 차지할 뿐이다.

따라서 중국에 대한 투자에서 제조업의 비율이 이처럼 높은 것은 한국의 일반적인 해외투자동향과는 구별되는 대중투자의 중요한 특징이라고 할 수 있다.

2) 높은 제조업 투자의 원인 : 국제분업구조 변화에 대한 적응

한국기업의 대중투자에서 제조업이 차지하는 비율은 83.9%에 달한다. 중국을 제외한 다른 지역에 대한 한국의 해외투자에서 제조업이 차지하는 비율은 42.4%에 불과하다.

<表 3-1> 한국의 업종별 해외투자현황 (단위 : 건, 천 달러, %)

	대중국투자			비중국투자		
	투자건수	투자액	금액비율	투자건수	투자액	금액비율
제조업	12,996	14,943,125	83.9	6,606	23,176,262	42.4
도소매업	1,069	908,651	5.1	4,474	13,121,860	24.0
서비스업	1,059	536,596	3.0	3,186	4,243,495	7.8
건설업	231	402,673	2.3	682	1,480,905	2.7
숙박음식점업	533	336,907	1.9	1,621	1,439,348	2.6
부동산업	86	324,508	1.8	319	1,654,878	3.0
운수창고업	99	126,772	0.7	523	540,456	1.0
통신업	36	95,521	0.5	221	1,742,590	3.2
농림어업	239	78,589	0.4	387	504,081	0.9
광업	73	59,250	0.3	219	5,318,636	9.7
기타	1	1,437	0.0	7	1,586	0.0
금융보험업	4	976	0.0	30	1,395,494	2.6
총계	16,426	17,815,005	100.0	18,275	54,619,591	100.0

출처 : 한국수출입은행, 2007년 3월까지의 누계.

한국의 대중투자에서 제조업이 차지하는 비율이 다른 지역에 대한 투자에 비해 높은 이유는 무엇보다 중국을 제조업 기지로 활용하는 세계적인 흐름에 한국기업이 동참하고 있기 때문이다. 즉 한국의 대중투자는 투자의 주체인 한국기업의 해외투자의 일반적인 경향이 중국 지역으로 확장된 결과라기보다는, 투자의 대상지인 중국이 갖는 제조업 기지로서의 경쟁력을 한국기업들이 적극적으로 활용한 결과라고 말 할 수 있다.

즉 중국은 원래부터 제조업 중심으로 외국인 투자를 유치해 왔고, 중국경제와 산업의 발전에 따라 중국에 '세계의 공장' 이 형성되면서 제조업 기지로서 중국의 투자 흡인력은 점점 더 강해지고 있다. 중국에 대한 외국인투자 전체에서 제조업이 차지하는 비율은 2004년 이후 70%를 넘고 있다.

중국은 개혁개방 이후 제조업을 중심으로 해외투자를 유치해 왔다. 나아가

<그림 3-1> 중국에 대한 산업별 투자 누계의 비율 분포

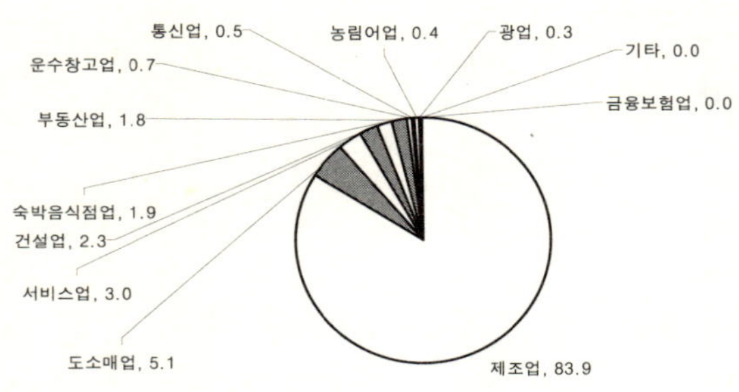

출처 : 한국수출입은행, 2007년 3월까지의 누계.

<그림 3-2> 비중국투자에서 산업별 투자 누계의 비율 분포

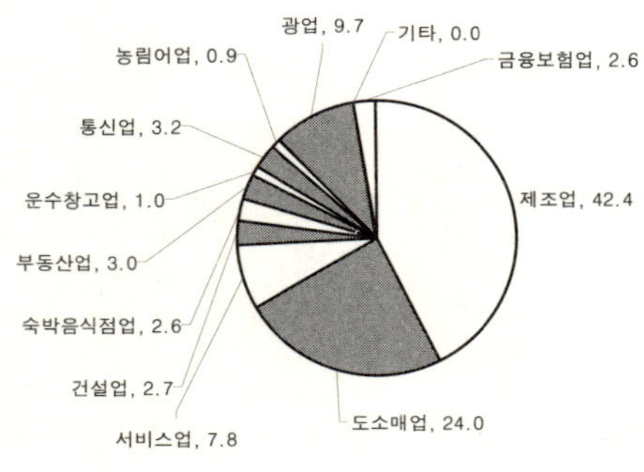

출처 : 한국수출입은행, 2007년 3월까지의 누계.

중국은 이렇게 유치한 외자기업을 매개로 수출산업을 적극 육성하였다. 그런데 중국의 이러한 수출산업 육성은 1990년대 이후 진행된 '세계화' 추세 및 기업들의 글로벌 생산 네트워크의 구축 움직임과 결합하였다. 즉 1990년대 이후 무한경쟁에 노출된 세계 각국의 기업은 국경을 넘어 저렴한 생산요소를 찾아 이동하면서 전 세계를 대상으로 새로운 생산 네트워크를 형성하였다. 그 과정에서 중국은 13억 인구를 바탕으로 한 저렴하고 풍부한 노동력과 토지 공유제에서 비롯된 낮은 토지 비용을 이용해 세계 각국의 기업의 제조업 투자를 유치하였다. 그 결과 동아시아에서는 중국을 최종 조립기지로 삼는 새로운 국제분업구조가 형성되었다. 중국의 연해지역에서 동북아 각국의 원료와 부품들이 조립되어 전 세계로 수출되는 새로운 국제분업구조가 만들어진 것이다. 그 과정에서 중국은 이른바 '세계의 공장'으로 떠올랐다.

이는 중국의 수출이 크게 늘고 있고, 그 속에서 외자기업이 차지하는 비율이 절대적이며, 중국을 생산공정의 한 단계로서 활용하는 형태인 이른바 가공무역의 비율이 높다는 사실로 나타난다.

중국의 수출은 1990년 620억 달러에 불과하였으나, 1995년 1,487억 달러, 2000년 2,492억 달러, 2005년 7,919억 달러, 2006년에는 9,690억 달러로 빠르게 증가하였다. 중국은 이미 독일과 미국에 이은 세계 3대 수출국일 뿐 아니라, 현재의 수출증가 속도로 보면 2010년 이전에 세계 제일의 수출국으로 부상할 전망이다.

그런데 중국의 수출의 주력은 중국에 투자한 외자기업이다. 2006년의 경우 9,690억 달러의 수출 가운데 중국에 진출한 외자기업이 5,638억 달러를 수출하였다. 전체 수출의 58.2%가 외자기업에 의해 이루어진 것이다.

또한 중국의 수출에서 가공무역이 차지하는 비율도 줄어들지 않고 있다. 2006년 중국의 수출 중에서 가공무역은 5,153억 달러, 53.2%를 차지한다. 1990년 620억 달러의 총 수출 가운데 254억 달러로 액수 자체도 크지 않았을 뿐 아니라, 비율도 40.9% 수준에 머물렀던 가공무역이 15년 사이에 20배 이상의 규모로

<표 3-2> 중국에 대한 전 세계 FDI 중에서 제조업의 비율 (단위 : 억 달러, %)

	FDI 유치총액	그중 제조업	제조업 비율
1997	452.6	281.2	62.1
1998	454.6	255.8	56.3
1999	403.2	226.0	56.1
2000	407.2	258.4	63.5
2001	468.8	309.1	65.9
2002	527.4	368.0	69.8
2003	535.1	369.4	69.0
2004	606.3	430.2	71.0
2005	603.2	424.5	70.4

출처 : 『中國統計年鑑』(각 년도).

성장하고 그 비율도 더 커진 것이다. 그 동안 중국의 산업이 꾸준히 성장하여 단순 가공 단계를 넘어서는 수출산업이 늘어났음에도 불구하고, 가공무역의 비율은 줄지 않고 오히려 늘어났다.

결국 중국의 개혁개방은 제조업에서 중국이 새로운 국제분업구조의 허브가 되는 과정과 병행하여 이루어졌다. 그 결과 중국에 대한 외국인 투자도 제조업 중심으로 이루어졌다. 중국에 대한 세계 각국의 투자 가운데 제조업 투자가 차지하는 비율은 1997년 62.1%에서 2001년에는 65.9%, 2005년에는 70.4%로 계속 높아지는 추세이다.

특히 유의할 것은 중국이 2001년 12월 WTO에 가입하고 2006년까지 계속 금융, 유통, 물류 등 서비스업 각 분야(비제조업)에 대한 외국인투자를 개방하였는데도 2005년까지도 중국에 대한 FDI 중에서 제조업 투자의 비율은 줄어들기는커녕 오히려 늘어나고 있다는 점이다.

그런 의미에서 한국의 대중투자는 투자의 주체인 한국기업의 해외투자의 성격이 연장된 것이라기보다는 투자의 대상지인 중국의 특징 및 이를 활용하는 새로운 국제분업구조 형성의 일환이라는 성격을 더욱 강하게 갖고 있다.

즉 중국은 한국의 대중투자가 본격화된 1990년대 이후 외자를 중심으로 수출산업을 육성하는 정책을 펴왔고, 이것이 1990년대 이후에 형성된 새로운 국제 분업구조와 결합하면서 많은 한국 제조업체들이 이러한 흐름을 따라 중국에 투자한 것이다.

3) 제조업 비율의 변화

대중투자의 제조업 비율은 모든 시기에 걸쳐서 일관되게 높다. 1990년대 이후 한국의 해외투자에서 제조업이 차지하는 비율의 변화를 보면, 대중투자에서 제조업이 차지하는 비율은 모든 해에 걸쳐 비중국투자에 비해 일관되게 높다.

그 비율 변화의 방향 면에서는 대중투자의 제조업 비율은 1990년대까지는 비중국투자의 제조업 비율과 대체로 반대로 움직이고 있다. 이는 이 시기에 기업의 중국에 대한 제조업 투자가 여타 지역에 대한 투자와 서로 대체적인 관계에 있었다는 뜻이다. 그러나 2000년대 들어서는 그러한 대체관계가 잘 나타나지 않을 뿐 아니라 오히려 두 지역에 대한 제조업 투자의 비율이 동조적으로 움직인다.

한편, 한국의 대중투자가 늘어나는 시기에 제조업이 차지하는 비율은 줄어드는 경향을 보인다. 제조업의 비율은 투자 총액의 변화와 서로 반비례하는 움직임을 보여주는 것이다.

즉 제조업의 비율은 1992년부터 1997년 사이에 95%에서 66%까지 줄어든 데 이어, 2001년부터 2006년까지도 93%에서 81%로 일관성 있게 줄어들고 있다. 그런데 대중투자에서 제조업이 차지하는 비율이 일관되게 줄어드는 두 시기는 한국의 대중투자 총액이 경제위기 이전까지 및 2002년 이후 두 번에 걸쳐 급증한 시기와 일치한다.[6]

투자가 증가하는데 제조업의 비율이 줄어든다는 것은 투자가 급증하는 초기에는 제조업이 대중투자를 선도하다가, 투자액이 늘어나면서 서비스산업 등 여

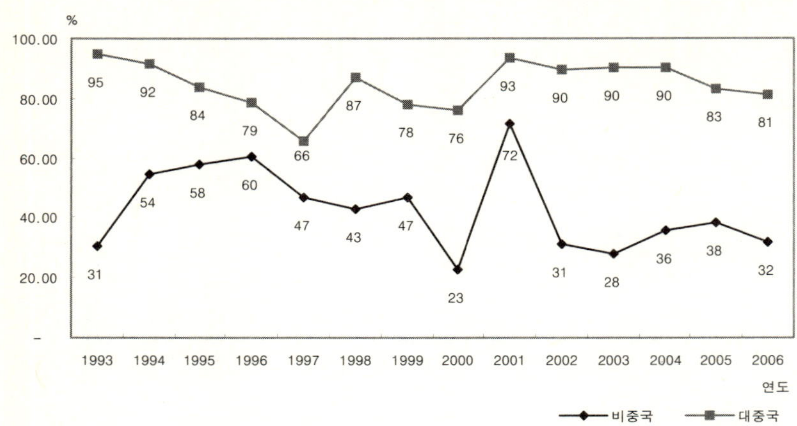

자료 : 한국수출입은행.

타 산업으로 투자가 확산되는 경향이 있음을 시사한다.

특히 1992년 중국과 국교가 수립되고 중국에 대한 투자가 시작되던 1993~1997
년 사이의 첫 번째 급증기에 투자규모가 1억 달러 미만에서 9억 달러 수준으로 급
증하는 동안 제조업의 비율은 95%에서 66%까지 빠르게 감소하면서 투자 산업이
비제조업으로 다양화되었다.

이후 경제위기 시기에는 한국기업의 해외투자 능력이 전반적으로 위축되었
다. 또한 경제위기 기간 원화 환율이 급등하면서 국내에서 생산된 제품의 수출가
격경쟁력이 제고되었다. 그 결과 제조업 해외투자의 유인 자체가 크게 줄었다.

2001년 이후 대중투자는 두 번째 급증기를 맞는다. 특히 2001년 말 중국의
WTO 가입이 결정되면서 중국에 대한 FDI가 빠르게 늘어나고 전 세계적으로 중

---

6 한국의 대중투자 총액의 변화에 관해서는 2장 "2. 한국의 해외투자와 대중투자" 내용을 참고.

<표 3-3> 산업별 대중투자액의 변화 (단위 : 백만 달러)

연도	총액	제조업	농·어업	광업	건설업	도소매업	운수창고업	숙박음식업	서비스업	부동산업
1993	265	252	2.6	0.6	1.7	1.6	2.8	1.0	2.3	0.0
1994	636	583	6.5	3.3	12.3	3.7	7.2	8.3	3.6	7.7
1995	842	706	4.2	1.0	25.9	20.0	16.0	14.8	3.7	50.1
1996	930	730	7.1	2.9	51.7	44.2	10.9	48.9	3.1	21.2
1997	739	485	1.4	0.5	43.9	39.1	6.9	85.1	2.8	37.6
1998	695	603	2.1	0.0	18.2	3.2	4.5	2.6	7.2	23.2
1999	366	284	0.9	3.6	12.5	17.2	2.0	5.3	3.6	35.3
2000	711	543	1.2	0.7	16.3	49.9	21.6	57.5	13.3	3.2
2001	636	593	1.9	0.3	0.7	14.0	2.4	3.2	22.7	0.7
2002	1020	914	3.7	0.5	30.2	23.9	4.8	4.8	41.1	4.3
2003	1648	1488	4.9	8.2	12.4	72.9	4.3	6.3	46.2	16.1
2004	2290	2069	11.4	2.9	34.7	89.6	1.7	20.4	59.3	7.8
2005	2616	2172	10.0	14.0	62.0	208.0	27.4	24.9	96.4	31.4
2006	3310	2691	12.9	19.7	71.2	240.4	11.1	22.8	170.3	69.3

자료 : 한국수출입은행.

국투자 붐이 일어난다. 대중투자의 규모가 2002년 10억 달러에서 2006년 33억 달러로 늘어나는 동안 제조업이 차지하는 비율은 2001년 93%에서 2002년 90%, 2006년 81%로 낮아졌다.

그런데 앞에서 살펴본 바와 같이 중국에 대한 제조업 투자는 기본적으로 중국을 조립기지로 하는 국제분업구조에 동참하는 성격을 갖고 있다. 그렇지만 서비스산업은 내수 산업적인 성격이 강하다. 따라서 WTO 가입을 계기로 중국투자가 늘어나는 과정에서 서비스업에 비해 국제분업구조에 더 깊이 편입된 제조업 중심의 투자가 먼저 일어났을 가능성이 크다.[7]

---

[7] 2001년의 경우에는 비중국투자에서도 제조업의 비율이 현저히 커진 것을 볼 수 있다. 이는 당시 IT 붐을 통해 성장한 많은 벤처기업이 새로운 사업을 찾아 해외투자에 나섰기 때문으로 해석할 수 있다.

그러나 중국의 WTO 가입으로 중국 서비스 시장이 개방되고 중국 내수 서비스 시장이 성장하면서, 도소매업과 일반 서비스업을 중심으로 서비스 산업의 대중투자가 늘어나고 있다. 서비스업 가운데 한국기업의 대중투자가 가장 많이 늘어난 도소매업의 경우 2001년 1,400만 달러에서 2006년에는 2억 4천만 달러로 투자액이 17배 이상 늘어났다. 일반 서비스업의 투자액도 2006년 1억 7천만 달러에 이른다. 그 결과 2005년 이후 대중투자에서 제조업의비율은 80%대로 낮아졌다.

그러나 한국의 비중국투자와 비교할 때나, 중국에 대한 각국의 투자에서 제조업이 차지하는 비율과 비교할 때, 한국의 대중투자에서 제조업이 차지하는 비율은 여전히 높은 편이다.

4) 다양한 업종으로 투자 분산

대중투자가 시작된 후 2007년 3월까지 한국의 제조업 대중투자 누계는 149억 달러이다. 이 중 업종별로 투자 누계를 보면 전자통신장비업이 39.7억 달러로 26.6%를 차지하여 1위를 기록하고 있다. 다음으로 수송기계(13.3%, 19.9억 달러), 석유화학(10.9%, 16.3억 달러), 섬유의복(10.6%, 15.7억 달러), 기계장비(8.0%, 11.9억 달러)의 순이다.

제조업 대중투자의 업종별 누계를 중국 이외의 지역에 대한 한국기업의 투자(비중국투자) 누계와 비교해 보면, 업종의 구성 면에서 가지 특징이 있다.

첫째, 업종의 구성이나 순서가 유사하다. 대중투자나 비중국투자 모두 전자, 수송, 석유화학, 섬유, 기계 등 5개 업종이 1위부터 5위를 차지하고 있다. 다만 대중투자에서 석유화학과 섬유의복이 각각 3위와 4위를 점하고 있는 데 반해, 비중국투자에서는 섬유의복이 4위, 석유화학이 3위로 그 순서가 바뀔 뿐이다.

둘째, 그러나 대중투자가 비중국투자에 비해 좀 더 다양한 업종으로 분산되어 있다. 대중투자에서나 비중국투자에서나 공히 1위 업종인 전자통신장비의 경

<표 3-4> 제조업 업종별 대중투자 및 비중국투자 누계 및 비율 (단위 : 백만 달러, %)

순위	업종	중국		비중국	
		투자액	비율	투자액	비율
1	전자통신장비	3,977	26.6	8,657	37.4
2	수송기계	1,993	13.3	3,491	15.1
3	석유화학	1,631	10.9	2,039	8.8
4	섬유의복	1,577	10.6	2,296	9.9
5	기계장비	1,189	8.0	1,792	7.7
6	1차금속	971	6.5	1,577	6.8
7	비금속광물	845	5.7	356	1.5
8	기타	748	5.0	669	2.9
9	음식료품	702	4.7	851	3.7
10	조립금속	557	3.7	469	2.0
11	신발가죽	469	3.1	439	1.9
12	종이인쇄	160	1.1	318	1.4
13	목재가구	124	0.8	223	1.0
상위 5개 업종 소계		10,367	69.4	18,274	78.8
전체		14,943	100	23,176	100

출처 : 수출입은행(2007년 3월).

우 대중투자에서 이 업종이 차지하는 비율은 26.6%인데, 비중국투자에서는 37.4%나 차지하고 있다. 또 한국수출입은행이 분류한 전체 12개 업종 가운데 상위 5개 업종이 차지하는 비율이 대중투자의 경우 69.4%인 데 반해 비중국트자는 78.8%에 달한다. 12개 산업 분류에 포함되지 않는 기타로 분류되는 비율도 대중투자에서는 5%에 달하는데, 비중국투자에서는 2.9%에 머무른다.

대중투자 업종이 비중국투자에 비해 분산되어 있다는 것은 다른 측면에서 보면 해외투자가 활발한 업종일수록 그 중 중국에 대한 투자가 해당 업종의 해외투자에서 차지하는 비율은 낮게 나타난다는 것이다. 동시에 해외투자가 활발하지 않은 업종이라도 중국에 대해서는 투자가 상대적으로 더 많이 이루어진다.

이를 확인하기 위해 업종별 해외투자에서 대중투자가 차지하는 비율을 보면,

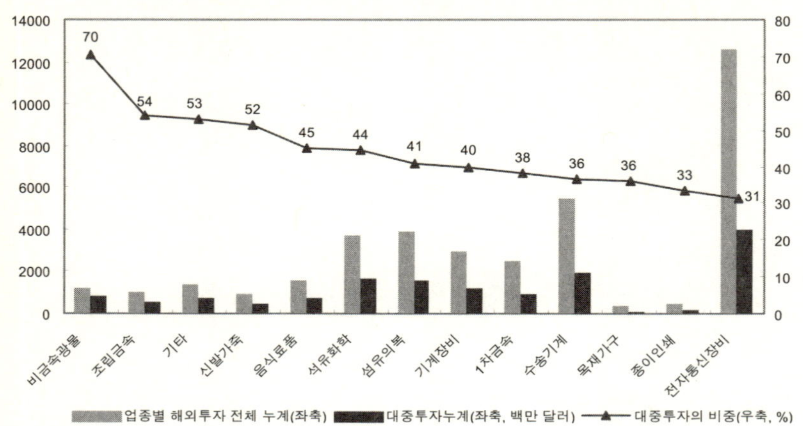

〈그림 3-4〉 제조업 업종별 해외투자 누계와 대중투자의 비율

주 : 대중투자의 비율은 (해당 업종 대중투자누계액)/(해당 업종 해외투자누계액).
출처 : 한국수출입은행(2007년 3월).

비금속광물 업종이 70%로 가장 높고, 전기통신장비 업종이 31%로 가장 낮았다. 〈그림 3-4〉가 시사하는 것은 해외투자의 절대액 자체가 매우 작은 목재가구 및 종이인쇄 업종을 제외하면, 해외투자가 활발한 산업일수록 대중투자의 비율은 오히려 낮다는 것이다. 해외투자가 규모가 12억 달러 수준인 비금속광물 업종의 경우 그 70%가 중국으로 집중된 반면, 해외 투자누계가 126억 달러로 전체 제조업 투자 누계 381억 달러의 1/3을 차지하는 전기통신장비 업종의 경우 대중투자의 비율이 31%에 머물러 전체 12개 업종 중 가장 낮다.[8]

---

[8] 특기할 것은 섬유의복 업종이다. 이는 대표적인 노동집약적 업종으로 일반적으로 국내 산업이 중국으로 대거 진출하면서 국내의 산업공동화가 일어난 대표적인 업종으로 인식되어 왔다. 그러나 실제로는 섬유의복 업종은 대중투자 누계 순위로 12개 업종 중 4위일 뿐이다. 또한 섬유의복 업종의 해외투자 전체 38.7억 달러 중에서 대중투자가 차지하는 비율은 15.7억 달러로 41%만을 차지한다. 이는 12개 업종 중 중간 수준(6위)이다.

이처럼 대중투자의 업종 분포가 훨씬 분산적이고, 해외투자가 활발한 업종일수록 대중투자의 비율이 낮은 반면, 해외투자가 활발하지 않은 업종일수록 중국에 투자하는 비율이 높은 것은 중국이 한국과 지리적·문화적으로 가깝고 해외투자의 문턱이 상대적으로 낮기 때문으로 보인다.

즉 여타 지역에 대한 투자의 경우 해외투자에 따른 경영 비용이 높아지기 때문에 해당 업종의 비교우위와 투자지역의 투자환경을 고려하여 보다 신중하게 투자를 결정하게 된다. 특히 한국과 문화적으로 상이하고 지리적으로 이격되어 있기 때문에 현지의 생산환경뿐 아니라 생산 후의 운송비용 등 판매환경도 고려하게 된다. 때문에 해외투자를 통한 이익이 더 크다는 것이 어느 정도 검증된 업종으로 투자가 집중되는 경향이 생기는 것이다.

반면 중국에 대해서는 해외투자의 지리적 문화적 거리가 상대적으로 작고 이 때문에 해외투자 여부를 결정하는 비용―편익 분석과정에서 투자에 따른 비용이 크지 않다고 판단하게 된다. 때문에 모든 업종에서 일종의 묻지 마 투자가 이루어져서 결과적으로 업종별 투자가 분산되었을 가능성이 크다.

또한 제3국 시장에 대한 수출에 주력하는 기업인 경우 중국은 한국과 지리적으로 인접한 탓으로 생산 후의 운송비용 등이 한국과 유사하여 투자결정 기준이 보다 단순해질 가능성이 있다. 즉 운송비 등 다른 조건은 유사한데 인건비나 토지 등 면에서 원가절감 효과는 매우 뚜렷하므로 중국에 대해서는 더 단순한 투자결정이 가능한 것이다.

그러다보니 일반적으로 여타 지역에는 해외투자를 많이 하지 않는 업종도 중국에는 과감한 투자결정을 하는 경향이 있고 그 결과 대중투자 업종이 더 다양해진 것이다. 또한 대중투자의 경우 아직 형성과정 중에 있는 중국 내수시장의 다양한 틈새시장을 겨냥하는 경우도 적지 않다. 따라서 다양한 중국 내수시장의 수요에 따라 투자 업종이 분산되었을 가능성도 있다.

5) 투자 업종의 변화와 가치사슬

한편 1993년 이후 2006년까지 제조업 내에서 상위 업종 사이의 투자비율에는 적지 않은 변화가 있었다. 전자통신장비 업종의 선도, 수송기계 업종의 증가, 석유화학 업종 투자의 지속, 섬유의복 업종의 비율 감소 등이 그 중요한 특징이다.

전자통신장비 업종에 대한 투자는 2006년에 특히 급증하여 10억 달러에 가깝다. 이는 2006년 전체 대중투자의 30%, 대중 제조업 투자의 37%를 차지한다. 전자통신장비 업종은 꾸준히 제조업 투자의 20% 이상을 차지하는 등[9] 대중투자를 선도하고 있다.

또한 자동차 산업을 중심으로 하는 수송기계 업종도 2006년 4.7억 달러를 투자하는 등 대중투자가 증가하고 있다. 특히 현대 및 기아자동차의 생산공장이 세워지면서 1998년과 2002년에 투자가 급증하였으며, 2002년 이후에는 부품업체가 동반진출하면서 투자액수 및 비율이 커졌다.

석유화학 업종은 투자의 부침이 비교적 작고, 꾸준하게 투자되어왔다. 특히 2002년까지도 연간 1억 달러를 넘어본 적이 없는 석유화학 업종의 대중투자가, 2003년부터 매년 2억 달러 이상으로 투자규모가 한 단계 더 커졌다.

2003년 이후 석유화학 업종에 대한 투자 증가는 중국 내수 요인으로 설명할 수 있다. 석유화학 업종의 경우 가공수출산업이라기보다는 중국 산업이 필요로 하는 원료나 소재를 제공하는 내수형 업종이다. 그런데 2003년 후진타오 정부가 출범한 다음 중국은 매년 10% 이상의 고도성장을 지속하였다. 이 고도성장은 주로 수출 및 투자에 의해 견인된 것으로 평가되고 있다. 이 과정에서 자본재 및 중간재로 사용되는 석유화학 제품의 수요가 급증하였다. 이러한 새로운 환경에 한국기업

---

9 한국의 해외투자 및 대중투자가 매우 불안한 모습을 보인 경제위기 당시 전자통신장비 업종의 대중투자는 액수 면에서도 급등락을 보였고, 비율 면에서도 1997년 13%로 급감하였다가 1998년에는 다시 48%로 급증했다. 이 시기를 제외하고는 대체로 20~30% 수준을 유지하였다.

<표 3-5> 대중투자 제조업 주요 업종의 투자액 변화 (단위 : 백만 달러)

연도	전자통신장비	수송기계	석유화학	섬유의복	기계장비	비금속광물
1993	25	10	13	84	45	7
1994	146	30	30	104	36	77
1995	134	50	65	123	57	93
1996	196	62	81	120	47	22
1997	65	60	69	66	34	10
1998	291	129	52	31	29	10
1999	102	12	51	17	20	16
2000	143	8	63	29	24	175
2001	182	17	81	91	51	22
2002	222	173	90	83	91	22
2003	309	181	222	134	157	74
2004	517	230	234	250	235	79
2005	475	428	196	195	158	88
2006	995	470	290	168	156	137

자료 : 한국수출입은행.

이 적극적으로 대응한 결과 이 업종의 투자액이 크게 늘어난 것으로 보인다.

반면 섬유의복 산업에서 투자액의 변화는 대중투자 전체의 부침을 가장 잘 반영한다. 즉 섬유의복 업종은 1990년대 중반까지 전자통신장비 업종과 1, 2위를 다툴 정도로 투자비율이 컸고 규모도 1억 달러 이상이었다. 그러나 1997년 이후 투자가 급감하여 1999년에는 1,600만 달러 수준으로 위축되었다. 2001년 이후에는 다시 증가하기 시작하여 다시 2004년에는 2.5억 달러로 다시 한 번 전사통신장비에 이어 두 번째 투자 업종으로 부상하였다.

그렇지만 제조업 투자에서 차지하는 비율은 1993년 33%에 달할 정도로 컸으나 급락을 거듭하여 2006년 현재 제조업 투자의 6% 수준에 그치고 있다. 즉 대중투자에서 갖는 중요성이 갈수록 줄고 있다. 1993년 33%에 달했던 비율은 1998년 5% 수준까지 급락하였으며, 다시 2004년 12%까지 늘어났다가, 2006년의 경우

<표 3-6> 대중투자 제조업 주요 업종의 비율 변화

연도	전자통신장비	수송기계	석유화학	섬유의복	기계장비	기타
1993	10.1	4.1	5.0	33.2	17.8	29.9
1994	25.0	5.1	5.1	17.9	6.3	40.7
1995	19.0	7.1	9.2	17.5	8.1	39.2
1996	26.9	8.5	11.1	16.5	6.4	30.6
1997	13.5	12.3	14.1	13.6	7.0	39.6
1998	48.2	21.4	8.6	5.2	4.7	11.8
1999	35.9	4.2	18.0	5.8	7.1	29.0
2000	26.3	1.5	11.7	5.3	4.3	50.8
2001	30.6	2.9	13.7	15.3	8.7	28.8
2002	24.3	18.9	9.9	9.1	10.0	27.8
2003	20.8	12.2	14.9	9.0	10.6	32.6
2004	25.0	11.1	11.3	12.1	11.4	29.1
2005	21.9	19.7	9.0	9.0	7.3	33.1
2006	37.0	17.5	10.8	6.3	5.8	22.7

자료 : 한국수출입은행.

1.7억 달러로 제조업 투자에서 6% 수준으로 위축되었다.

전자통신, 수송기계 등 업종에 대한 투자가 상대적으로 늘어나고 섬유의복 업종에 대한 투자의 비율은 줄어드는 현상은 중국에 대한 한국기업의 투자가 업종 면에서 보다 자본 및 기술 집약적 업종으로 고도화되고 있음을 보여주는 것이라고 볼 수도 있다. 그러나 과연 어떤 업종이 더 '고도화'된 업종이냐는 문제가 남는다. 예를 들어 섬유의복 업종보다는 전자통신 업종이 훨씬 고도화된 업종이라고 인식하는 경우가 많다. 그렇지만 일반적으로 고도화된 업종이라고 인식되는 전자통신 업종에 포함되는 많은 생산활동은 매우 노동집약적이고 단순한 조립 및 가공 공정을 많이 포함하고 있는 경우가 많다. 따라서 특정 업종이 더 '고도화'된 업종이라고 쉽게 예단할 수 있는 것은 아니다.

따라서 서론에서 살펴본 글로벌 생산 네트워크의 관점에서 업종의 성격을 파

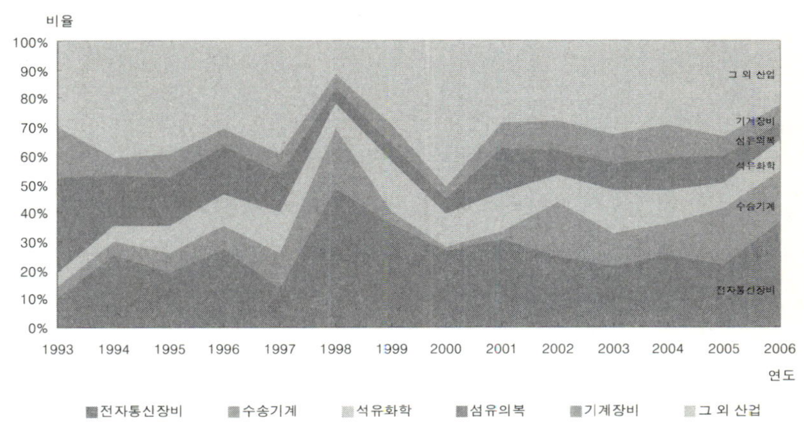

〈그림 3-5〉 대중투자 제조업 주요 업종의 비율 변화

자료 : 한국수출입은행.

악하고, 이를 기준으로 한국의 대중투자의 업종 구성의 시간적 변화가 갖는 의미를 살펴볼 필요가 있다.

현재 중국에서는 다국적기업의 전 세계적 생산 재배치 활동에 따른 글로벌 생산 네트워크의 허브가 형성되고 있다. 각국기업의 대중투자가 결국 그러한 생산 네트워크의 재배치 과정의 일환이다. 그렇다면 결국 업종 자체의 가치사슬이 긴 업종에서 투자가 늘어나거나, 최종 제품 자체가 또 다른 업종의 중간재로 사용되는 업종에 대한 투자가 늘어나는 것이 이른바 투자구조 '고도화'의 실제 내용이라고 할 수 있다.

이러한 가설에 따라 대중투자 업종 중에서 전자통신, 수송기계, 기계장비, 석유화학, 조립금속, 1차금속을 비교적 가치사슬이 긴 업종이라고 분류하고, 섬유의복, 음식료품, 신발가죽, 목재가구, 종이인쇄 등을 상대적으로 가치사슬이 짧은 업종이라고 분류한 다음 각각의 업종에 대한 투자의 변화를 살펴보았다.[10]

그 결과 가치사슬이 긴 업종에 대한 투자는 1993년 해당 년도 대중투자의

41% 수준이었으나, 2001년에는 62%, 2006년에는 그 비율이 78%까지 늘어났다.[11] 즉 한국의 대중투자 중에서 제조업 각 업종이 차지하는 비율의 변화는 한국의 대중투자가 중국에서 형성되는 글로벌 생산 네트워크의 허브를 활용하는 과정에서 점차 가치사슬이 긴 업종 위주로 옮겨져 왔음을 잘 보여준다.

대중투자의 급증기, 정체기, 재차 급증기의 기간 별 합계를 기준으로 볼 때도, 가치사슬이 긴 업종이 차지하는 비율은 1993년에서 1996년까지 50.5%, 1997년부터 2001년까지는 67.6%, 2002년부터 2006년까지는 74.0%를 차지함으로써 매우 일관된 증가세를 보인다.

2. 주체와 규모의 특징

1) 중소기업의 투자비율 높은 편

투자 주체 면에서 한국의 대중투자는 다른 지역에 대한 투자에 비해 중소기업이나 개인에 의한 투자의 비율이 높다. 2006년의 대중투자액수를 보면 전체 33.1억 달러의 대중투자에서 대기업이 16.6억 달러, 중소기업이 13.6억 달러, 개인 및 개인사업자가 3억 달러를 기록하고 있다. 중소기업의 투자는 2006년 대중투자 총액의 41.0%를 차지한다. 반면 2006년 한국의 비중국투자에서 중소기업이 차지하는 비율은 28.5%에 불과하다.

---

10 여기서 사용한 가치사슬이 긴 업종과 짧은 업종의 분류는 자의적인 것으로, 향후 산업연관도, 우회도 등 별도의 기준을 사용하여 보다 엄밀하게 분류될 필요가 있다.
11 매년의 추이를 보아도 1997~1999년 경제위기로 인해 대중투자의 성격이 매우 불안정하던 시기를 제외하면 대체로 일관된 상승 추세를 보이고 있다.

<표 3-7> 대기업과 중소기업의 해외투자 누계(2007년 3월까지) (단위 : 백만 달러)

구분	중국		비중국	
	투자건수	투자액	투자건수	투자액
전체	16,426	17,815	18,275	54,620
대기업	738	8,941	2,719	40,631
중소기업	9,857	7,782	8,486	11,644
개인 및 개인사업자[12]	5831	1,092	7,070	2,345
중소기업비율	60.0	43.7	46.4	21.3
중소기업 및 개인 비율	95.5	49.8	85.1	25.6

자료 : 한국수출입은행.

2007년 3월까지의 누계를 기준으로 볼 때도 이러한 특징이 잘 드러난다. 대기업은 738건, 89억 달러, 중소기업은 9,857건 78억 달러, 개인 및 개인사업자는 5,831건 10억 달러를 중국에 투자하고 있다. 대중투자 누계에서 중소기업은 건수 면에서 60%, 액수 면에서 43.7%를 차지한다. 반면 중국을 제외한 여타 지역에 대한 해외투자(비중국) 누계에서는 중소기업이 건수 면에서 8,486건으로 46.4%, 액수 면에서 116억 달러로 21.3%를 차지한다. 즉 누계를 기준으로 볼 때도 대중투자에서는 중소기업이 차지하는 비율이 여타 지역에 대한 투자에 비해 훨씬 높다.[13]

그런데 중소기업의 대중투자가 차지하는 비율은 1993년 이후 매우 큰 폭으로 변했다. 대중투자 초기인 1993년에는 중소기업의 대중투자가 액수 기준으로 전체 대중투자의 71.8%에 달했다. 그러던 것이 1994년 44.4%, 1996년 35.2%로 빠르게 비율이 줄어들었다. 특히 한국의 경제위기를 전후한 1997~2000년까지는

---

12 한국수출입은행 해외투자통계정보에서는 '기타'로 표시하며, 기타란 '개인 또는 개인사업자'라고 정의하고 있다(한국수출입은행 2005, 9).

13 개인 및 개인사업자의 경우 2006년 대중투자의 9%, 비중국투자의 8.9%를 차지한다. 1990년대에는 금액 기준으로 2% 이내의 수준에 머물던 개인 및 개인 사업자의 비율은 2000년대 들어서 빠르게 높아졌다. 대중투자의 경우 2000년 3.4%에서 2005년에는 9.2% 높아졌고, 비중국투자의 경우 2000년 3.0%에서 2005년에는 10.1%까지 비율이 커졌다.

<표 3-8> 투자주체(대기업, 중소기업) 별 해외투자의 변화 (단위 : 백만 달러, %)

연도	대중국			비중국		
	대기업	중소기업	중소기업 비율	대기업	중소기업	중소기업 비율
1993	73	190	71.8	849	147	14.7
1994	347	282	44.4	1395	265	15.9
1995	494	338	40.1	1887	351	15.5
1996	578	327	35.2	2984	497	14.1
1997	535	184	24.9	2557	354	11.9
1998	595	93	13.4	3910	190	4.6
1999	252	98	26.8	2592	314	10.6
2000	495	193	27.1	2130	2097	48.1
2001	300	299	47.0	3979	443	9.8
2002	441	514	50.4	2009	565	21.2
2003	720	847	51.4	1718	507	21.1
2004	960	1152	50.3	2626	777	21.1
2005	1181	1198	45.8	2252	1262	32.3
2006	1658	1356	41.0	4616	2116	28.5

자료 : 한국수출입은행.

그 비율이 20%대로 줄었고 그중 1998년에는 11.9%까지 줄어들었다.

이후 대중투자가 회복된 2001년 중소기업의 비율도 47.0%로 급증하였고, 2003년 51.4%까지 증가세를 이어갔다. 그러나 2004년 이후에는 다시 연속 3년간 비율이 줄어 2006년 41.0%를 기록하고 있다.

그렇지만 이러한 극심한 변화에도 불구하고 1993년 이후 2006년까지의 연도별 추이를 볼 때 대중투자의 중소기업 비율은 2000년 단 한 해를 제외하고는 비중국투자에 비해 일관되게 높았다. 다만 IT 붐과 함께 중소 벤처기업의 해외투자가 성황을 이뤘던 2000년에만 비중국투자에서 중소기업 투자가 차지하는 비율이 대중투자에 대한 중소기업의 비율보다 더 높았다. 즉 2000년 비중국투자에서는 중소기업에 의한 투자의 비율이 48.1%로 크게 높아졌으나, 대중투자에서 중소기업 비율은 27.1%로 1999년과 비슷한 수준을 유지하였다.

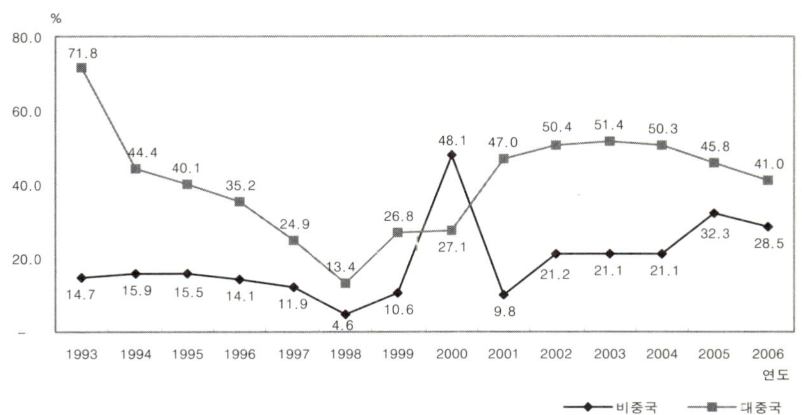

〈그림 3-6〉 중소기업이 차지하는 비율의 변화

자료 : 한국수출입은행.

　　중소기업의 비율이 높다는 사실을 대기업 및 중소기업이 투자입지로 중국을 선택하는 비율 측면에서도 확인할 수 있다. 2007년 3월까지 한국기업의 전체 해외투자 누계에서 대중투자가 차지하는 비율은 건수 면에서 47.3%, 액수 면에서는 24.6%이지만, 그중 대기업의 해외투자가 중국을 향하는 비율은 건수 면에서 21.3%, 액수 면에서 18.0%에 머문다.

〈표 3-9〉 규모별 해외투자입지의 선택(2007년 3월까지 누계) (단위 : 백만 달러, %)

	대중투자		전처l 해외투자		대중투자의 비율	
	투자건수	투자액	투자건수	투자액	건수	액수
총계	16,426	17,815	34,701	72,435	47.3	24.6
대기업	738	8,941	3,457	49,572	21.3	18.0
중소기업	9,857	7,782	18,343	19,426	53.7	40.1
기타	5,831	1,092	12,901	3,437	45.2	31.8

자료 : 한국수출입은행.

반면 중소기업의 경우에는 건수 면에서 53.7%, 액수 면에서 40.1%이다. 해외투자 대상지로 중국을 선택하는 비율이 대기업에 비해 두 배 이상 높은 것이다. 특히 건수를 기준으로 보면 2007년 3월까지 해외에 투자한 중소기업의 절반 이상이 투자입지로 중국을 선택했다. 마찬가지로 개인 및 개인사업자(기타)의 경우에도 중국에 대한 투자 비율이 건수 면에서 45.2%, 액수 면에서 31.8%로 대기업에 비해 높다.

2) 중소기업 비율이 높은 이유

이처럼 대중투자에서 중소기업이 차지하는 비율이 높은 이유를 한국경제의 요인, 중국경제의 요인, 기업의 요인 등으로 나누어 살펴볼 수 있다.

첫째, 1990년대 한국에서는 급격한 임금상승과 산업구조 고도화가 이루어졌다. 특히 1990년대 전반에는 단위노동비용이 빠르게 상승하였고, 임금상승률이 노동생산성 증가율보다 높은 상황이 지속되었다(KITA 2002, 13). 이에 따라 노동집약적 경공업 분야에 종사하는 중소기업의 국내 경영 여건이 악화되었다. 경제위기 직전까지 원화가치는 상대적으로 고평가된 상태였고 이는 어려운 상황에 몰린 중소기업의 해외투자를 더욱 촉진하였다.

둘째, 중국은 특히 1992년 덩샤오핑의 남순강화 이후 대외개방과 외자유치에 박차를 가하고 있었고, 1990년 34억 달러에 불과했던 해외직접투자유치액은 1995년 375억 달러로 10배 이상 급증했다. 특히 중국은 한국에 비해 1/10 이하의 저렴한 노동비용과 낮은 토지비용을 갖고 있어서 한국 내에서 어려움에 처한 노동집약적 경공업 분야의 중소기업이 중국을 투자대상국으로 선호하였다.

셋째, 어려운 상황에 처한 노동집약적 경공업 분야의 중소기업이 여타 지역에 비해 중국을 선호한 가장 큰 이유는 지리적, 문화적 인접성이었다. 중국과 한국은 지리적으로 인접하여 인원의 이동이나 한국과의 물자이동 비용과 시간이 적게 들었다. 또한 1990년 중국에 거주하고 있는 192만 명에 달하는 재중교포(中國民族統計年鑑, 1999)가 해외투자 시에 의사소통이 가능하도록 도와주었다. 특히 해외경영 능력이 대기업에 비해 부족한 중소기업들은 이러한 지리적 이점과 문화적 접근성을 갖춘 중국을 최적의 해외투자 대상지로 인식했다.

3) 작은 건당 투자규모

투자의 규모 면에서도 대중투자는 여타 지역에 대한 투자에 비해 건당 규모가 작다. 투자 주체 면에서 중소기업이 차지하는 비율이 상대적으로 크다는 사실을 고려하면 이는 당연한 결과이다. 2006년 대중투자의 건당 규모는 140만 달러 수준인 데 반해 여타 지역에 대한 해외투자의 건당 규모는 260만 달러에 달한다. 즉 대중투자의 건당 규모는 비중국투자의 56% 수준에 머무른다.

다만 대중투자의 건당 규모 역시 다른 여러 지표들과 마찬가지로 1993년부

<그림 3-7> 대중투자와 비중국투자의 건당 투자규모

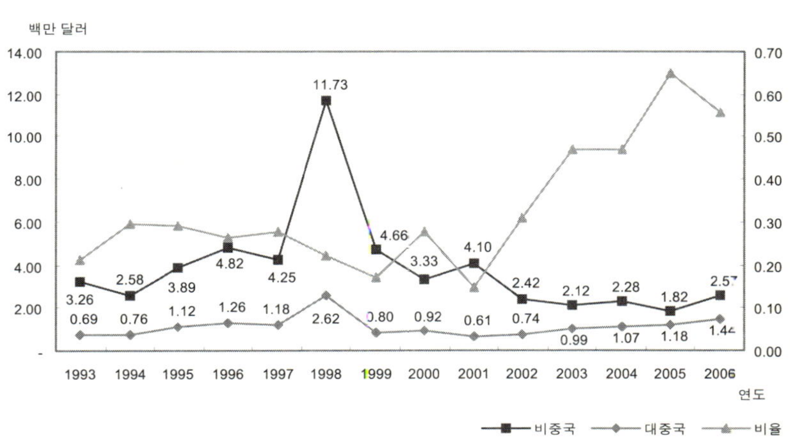

자료 : 한국수출입은행.

<표 3-10> 대중투자와 비중국투자의 건당 투자규모 (단위 : 백만 달러)

연도	대중투자			비중국투자			a/b
	투자액	투자건수	건당 규모(a)	투자액	투자건수	건당 규모(b)	
1993	264	382	0.7	1000	307	3.3	0.21
1994	636	840	0.8	1668	647	2.6	0.29
1995	842	751	1.1	2259	581	3.9	0.29
1996	930	740	1.3	3528	732	4.8	0.26
1997	742	631	1.2	2968	699	4.2	0.28
1998	696	266	2.6	4116	351	11.7	0.22
1999	366	459	0.8	2963	636	4.7	0.17
2000	711	774	0.9	4357	1308	3.3	0.28
2001	639	1049	0.6	4525	1104	4.1	0.15
2002	1028	1385	0.7	2669	1105	2.4	0.31
2003	1666	1679	1.0	2395	1130	2.1	0.47
2004	2298	2142	1.1	3690	1622	2.3	0.47
2005	2647	2240	1.2	3911	2149	1.8	0.65
2006	3310	2300	1.4	7422	2885	2.6	0.56

자료 : 한국수출입은행.

터 2006년 사이에 큰 변화를 보였다. 즉 1993년부터 1998년까지 대중투자가 활발하던 시기에는 건당 규모도 빠르게 커져서 1993년 69만 달러에 불과하던 건당 투자규모는 1998년에는 건강 262만 달러 수준까지 커졌다. 이후 경제위기와 대중투자의 격감을 계기로 80만 달러 수준까지 낮아졌으나 다시 꾸준히 규모가 커져서 2006년 건당 144만 달러 수준에 이르렀다.

이러한 추세는 같은 기간에 비중국투자가 보인 건당 투자규모의 추세와도 대체로 일치한다. 다만 특기할 것은 2002년을 계기로 대중투자와 비중국투자 사이의 건당 투자규모의 차이가 줄어들고 있다는 것이다. 즉 2002년까지 비중국투자의 건당 투자규모의 1/3 수준에도 미달하던 대중투자의 건당 규모는 2006년까지 빠르게 커져서 2005년 65%, 2006년 56% 수준에 달하고 있다.

대중투자의 대부분을 차지하는 제조업의 경우만을 따로 볼 경우에도 같은 특징이 나타난다. 즉 2006년 제조업 대중투자의 건당 규모는 180만 달러 수준인 데 반해 비중국투자의 건당 규모는 320만 달러에 달한다. 제조업 대중투자의 평균 규모 역시 비중국투자의 56% 수준에 불과하다. 또한 1993년부터 2006년까지의 변화 추이도 매우 유사하다. 특히 제조업도 2002년 이후 대중투자의 건당 투자규모가 증가하면서 비중국투자와 평균 규모의 차이가 줄어들고 있다.

한편 한국기업의 대중투자의 건당 규모를 세계 각국 기업의 대중투자의 건당 규모와도 비교해 볼 수 있다. 이 경우 직접 비교가 어려운 측정상의 문제가 있으나, 대체로 한국기업의 건당 투자규모는 세계 각국의 대중투자에 비해 작은 것으로 나타나고 있다.

한국의 건당 투자규모와 비교하기 위해 중국에 대한 각국의 정확한 건당 투자규모를 계산하기는 어렵다. 즉 중국에 대해서는 투자계약 건수와 투자실행 건수 중에서 투자계약 건수에 관한 자료만을 구할 수 있다. 일반적으로 투자계약 건수가 투자실행 건수보다 더 크다. 따라서 평균 투자규모를 구하기 위해 투자 실행액을 투자계약 건수로 나누면 건당 투자규모를 과소평가하게 된다.

그런데 이렇게 과소평가된 각국의 대중투자통계에 따르더라도 한국기업의 건당 투자규모는 특히 2000년대 이후 세계 각국 기업의 대중투자의 건당 규모에 비해 작다. 즉 1995년까지는 한국기업의 건당 투자규모가 중국에 대한 각국의 평균적인 투자규모보다 컸다. 그렇지만 경제위기 직전까지 증가하던 한국의 중국에 대한 건당 투자규모는 1999년 이후 크게 줄었다.[14] 이후 수년간 정체하여 2003년까지도 백만 달러를 넘지 못하였다.

반면 중국에 대한 각국의 건당 투자규모는 1990년대 후반에는 200만 달러를 넘어서는 등 점차 커졌고, 이후 건당 규모가 줄어들기는 했으나 130만 달러 이상

---

[14] 한국의 경제위기로 투자 건수가 격감하였던 1998년에는 예외적으로 한국의 건당 투자규도가 평균 260만 달러 수준으로 그 전까지 평균수준의 2배 수준을 기록하기도 했다.

<표 3-11> 대중투자 건당 투자규모의 비교 : 한국과 세계

연도	건당 투자규모		a/b(%)
	한국(a)	각국 (b)	
1993	0.69	0.33	209.6
1994	0.76	0.71	106.6
1995	1.12	1.01	110.6
1996	1.26	1.70	74.0
1997	1.18	2.15	54.6
1998	2.62	2.30	114.0
1999	0.80	2.38	33.5
2000	0.92	1.82	50.4
2001	0.61	1.79	34.0
2002	0.74	1.54	48.1
2003	0.99	1.30	76.2
2004	1.07	1.39	77.3
2005	1.18	1.37	86.2
2006	1.44	1.52	94.7

주 : 1. 중국에 대한 각국 투자의 건당 투자규모는 투자총액(실행액 기준)/계약건수.
    2. 일반적으로 계약건수가 실행건수보다 더 클 것으로 예상되므로, 이 표에서 계산한 각국 건당
       투자규모(b)는 실제 건당 규모를 과소평가할 가능성이 있음.
출처 : 『中國統計年鑑』(각 년도) ; 중국 상무부 홈페이지 ; 한국수출입은행.

수준을 유지하였다. 결국 한국의 대중투자의 건당 투자규모는 2006년까지도 각국의 대중투자의 평균 투자규모에 미치지 못하고 있다. 특히 1999년부터 2002년 사이에는 한국기업의 건당 투자규모가 각국 평균의 절반 수준에도 미치지 못하였다. 이는 한국기업의 대중투자의 건당 규모가 상대적으로 작음을 보여준다.

다만 2001년 이후에는 한국의 건당 투자규모가 꾸준히 증가하여 2006년에는 144만 달러 수준에 달했다. 이는 2006년 중국에 대한 각국의 투자의 건당 투자규모 152만 달러의 94.7% 수준이다.

한편 각국 기업의 대중투자 평균규모를 계산할 때 전체 실행액을 전체 계약건수로 나눔으로써 생기는 과소평가 문제를 해결하기 위해서 실행건수를 간접

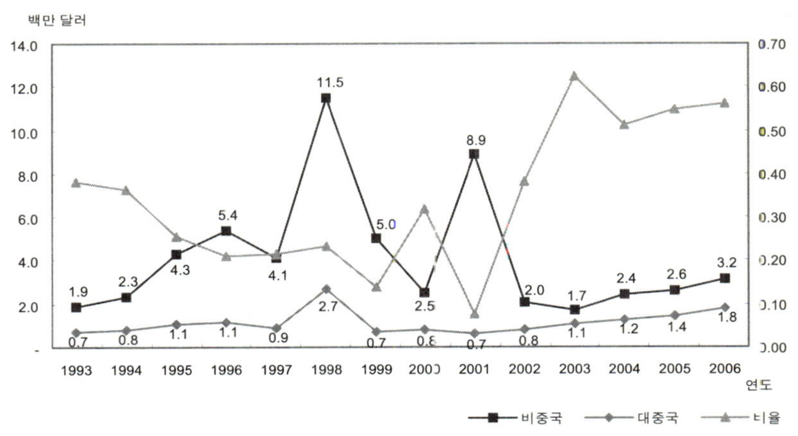

자료 : 한국수출입은행.

적으로 추정하여 평균 투자규모를 다시 계산해 볼 수도 있다. 즉 통계가 제시된 계약액수와 실행액수의 비율을 이용해서 계약건수를 나누어주면 간접적으로 실행건수를 추정할 수 있다.[15]

이렇게 간접적인 실행건수를 구하여 실행액수를 나누어줌으로써 구한 각국 기업의 평균 대중투자규모는 한국기업에 비해 훨씬 더 컸고, 그 격차도 2000년대 들어 오히려 더 벌어졌다. 즉 2000년대 들어서면 한국기업의 대중투자규모가 세계 각국의 투자규모에 거의 근접하고 있음을 보여주었던 계약건수를 사용한 통계와는 달리, 실행건수를 새로 추정하여 계산한 투자규모를 비교하면 2000년대 들어서도 한국기업의 평균 대중투자규모는 각국 기업의 평균규모의 1/3 수준에 불과하다.

---

15 계약건수와 실행건수의 비율이 계약액수와 실행액수의 비율과 일치할 것이라고 가정하는 것이다.

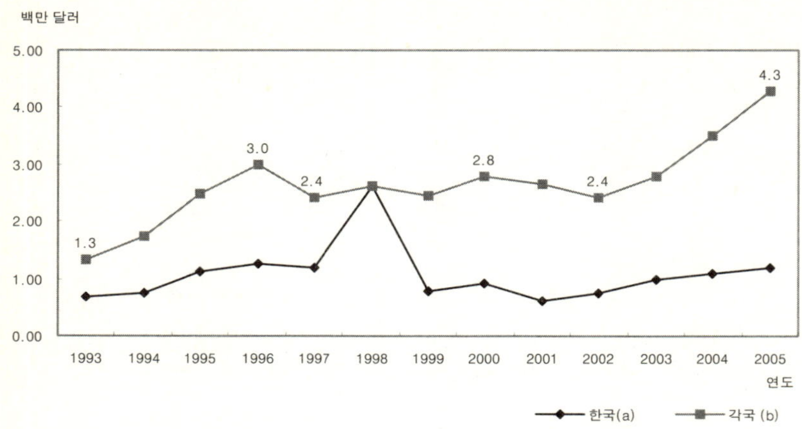

〈그림 3-9〉 대중투자 건당 투자규모의 비교 : 실행건수를 추정하여 계산한 경우

출처 :『中國統計年鑑』(각 년도) ; 중국 상무부 홈페이지 ; 한국수출입은행.

2005년 각국의 대중투자의 평균규모는 430만 달러에 달하는 반면, 한국의 대중투자의 평균규모는 그 27.5% 수준인 118만 달러에 불과했다.

3. 지역별 특징

1) 동부 해안 지역에 집중

중국은 960만 평방 km²의 광대한 영토를 가진 나라이며, 많게는 1억에 가까운 인구를 가진 22개의 성(省), 5개 자치구, 4개 직할시 등 31개 성급(省級) 행정구역으로 구성되어 있다. 그러나 외자기업의 투자는 이 중 경제활동이 활발하고 일찍부터 대외개방이 시작된 동부의 해안(沿海) 지역에 집중되고 있다.[16] 1994년부

<표 3-12> 한국 대중투자의 성별 투자 누계 (단위 : 건, %)

순위	지역	투자건수	투자액(억 달러)	비율	건당 투자규모(백만 달러)
1	산둥성	5,902	47.0	26.4	0.80
2	장쑤성	1,362	37.5	21.1	2.76
3	베이징시	1,232	19.5	10.9	1.58
4	톈진시	1,441	16.8	9.5	1.17
5	랴오닝성	2,267	13.2	7.4	0.58
6	상하이시	988	11.8	6.7	1.20
7	저장성	556	7.3	4.1	1.32
8	광둥성	491	7.3	4.1	1.49
	기타	2,187	17.6	9.9	0.80
	총계	16,426	178.2	100	1.08

자료 : 한국수출입은행, 2007년 3월까지 누계.

터 2005년까지 외국인투자 누계 상위 1위부터 9위까지가 모두 동부 해안지역에 위치한 성들로 구성되어 있다. 한국기업의 대중투자도 마찬가지다. 대중투자 1위부터 9위까지가 모두 동부 해안지역에 집중되어 있다.[17]

2007년 3월까지의 성별 누계 순위를 보면 한국과 가장 인접한 산둥성에 대한 투자가 5,902건 47억 달러로 가장 활발했다. 산둥성에 대한 투자는 전체 대중투자의 26.4%로 산둥성 한 지역으로만 한국기업 대중투자의 1/4 이상이 향하고 있다. 다음으로 상하이의 배후지역으로 대기업의 투자가 활발한 장쑤성이 37억 달러 21.1%로 2위를 차지했다. 1위 산둥성과 2위 장쑤성에만 한국 대중투자의 거의 절반(47.5%)이 쏠려 있다.

다음 순위로 이어지는 베이징, 톈진, 랴오닝성 역시 동부 연해지역에 속할 뿐

---

16 동부 10개 성은 2006년 중국 공업(2차산업) 생산의 57.7%, 수출의 89.0%, 수입의 90.6%, 고정자산 투자의 50.0%를 차지한다(國家統計局 2007, 15).
17 9위는 허베이성이다.

<표 3-13> 중국에 대한 전체 외국인 투자의 누계비율(1994~2005) (단위 : 억 달러, %)

순위	지역	투자액	비율
1	광둥성	1,316	23.6
2	장쑤성	849	15.2
3	상하이	502	9.0
4	산둥성	496	8.9
5	푸젠성	420	7.5
6	저장성	308	5.5
7	랴오닝성	286	5.1
8	베이징시	232	4.2
9	톈진시	216	3.9
	기타	950	17.0

자료 : 중국 상무부; 『中國統計年鑑』(각 년도).

아니라, 산둥성 다음으로 한국과 지리적 거리가 가까운 지역이다.

그런데 한국의 대중투자의 성별 순위는 중국에 대한 전체 외국인투자의 순위와는 큰 차이를 보인다. 1994년에서 2005년까지 중국의 성별 외자유치 누계를 보면, 홍콩과 인접한 광둥성이 1,316억 달러, 23.6%로 1위를 차지하고 있다. 2위는 한국의 대중투자와 마찬가지로 장쑤성이다. 한국의 대중투자 1위인 산둥성은 중국의 전체 외국인투자유치 순위로는 4위에 그치고 있다.

2) 권역별 투자현황

그런데 중국의 행정구역 구분의 특성 때문에 성별로 투자분포를 이해하는 것은 정확한 현실을 이해하는 데 오히려 방해가 될 수도 있다. 가령 베이징과 톈진은 실제로는 허베이성 내의 2개 직할시이다. 즉 사실상 하나의 지리적 지역이다. 또한 상하이시, 저장성, 장쑤성 역시 이른바 창장 삼각주라 불리는 하나의 권역이다. 재중교포가 많이 거주하는 랴오닝성, 지린성, 헤이룽장성 역시 이른바 동

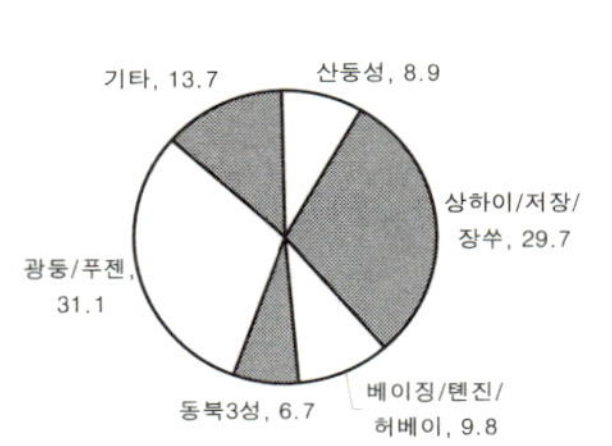 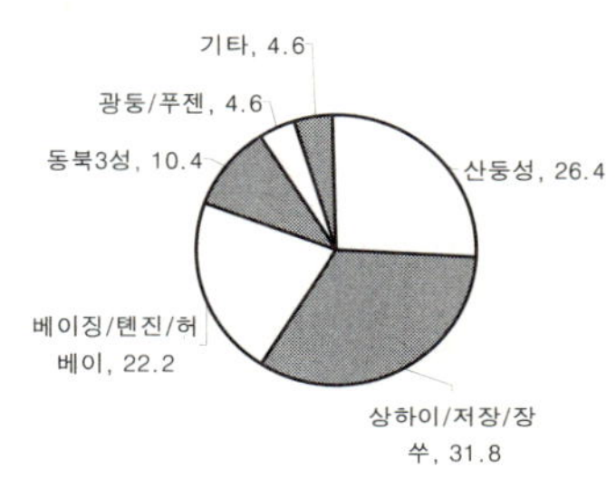

〈그림 3-10〉 권역별 대중투자의 비교 : 한국과 외국

한국의 대중투자(1993~2006)   외국의 대중투자 전체(1994~2005)

북 3성으로 불리며 중국 내에서도 하나의 권역으로 취급된다. 그런데 성별 분포는 이러한 각 성 간의 유사성을 고려하지 못한다.

따라서 한국의 대중투자의 지역분포가 갖는 특징을 분명히 확인하기 위해서는 중국의 연해지역의 주요 성(12개)을 몇 개의 권역으로 나누어 인식할 필요가 있다. 본 연구에서는 중국에 대한 한국기업의 투자가 집중된 연해지역을 중심으로 지역의 성격에 따라 동북 3성, 베이징/톈진/허베이성, 산둥성, 상하이/저장/장쑤, 광둥/푸젠 등 5개 권역으로 나누어 지리적 투자분포를 살펴보고자 한다.

이러한 권역 구분은 중국 내에서 통용되는 일반적인 권역 분류를 따른 것이라기보다[18] 한국의 대중투자의 현황이나 입지선정 기준을 반영한 구분이다. 그런 의미에서는 다소 자의적인 구분이기도 하다.[19] 다만 위와 같은 구분으로 중국

---

18 중국의 다양한 권역 구분 방식과 각각의 구분 방식이 갖는 의미에 관해서는 지만수(2002, 21-41)을 참고할 수 있다.

19 한국의 입장에서 생각하는 특수성을 고려하지 않는 경우, 산둥성은 베이징, 톈진, 허베이 등지와 함께 '북부연해 지역'으로 포함되기도 하고(중국 국두원 발전연구중심의 분류), 일반적으로 랴오닝, 베

의 연해지역이 모두 포함될 뿐 아니라, 중국교포의 거주지역으로 한국기업의 투자대상 지역으로 유사한 특징을 가진 동북 3성을 하나의 단위로 취급하고 그중에서 연해지역이 아닌 지린성과 헤이룽장성을 포함시킬 수 있다. 또 한국기업의 투자가 집중된 산둥성을 별도로 검토할 수 있다. 실제로 이렇게 5개 권역으로 나누고 한국의 2007년 3월까지의 투자누계를 검토한 결과 이들 5개 권역에 대중투자 누계의 95.4%가 포함되었다.

반면 중국에 대한 외국인투자 전체의 지역별 투자동향을 보면, 가장 많은 투자가 집중된 지역은 광둥 및 푸젠 지역이었다. 이들 두 성은 성별 투자순위로도 각각 1위와 5위를 차지하는 지역이다. 광둥 및 푸젠 지역은 1994년부터 2005년까지 중국에 대한 외국인투자의 31.1%를 유치하고 있다. 광둥성은 1980년대 중국이 외국인투자를 개방하면서 선전(深圳)을 포함한 4개의 경제특구를 처음 지정한 지역이다. 특히 오랫동안 중국의 대외창구 역할을 해온 홍콩과 인접해 있어서 초기 화교자본 등에 의한 대외투자가 집중되었다. 또한 그 결과 1990년대 중반 이후에는 둥관(東莞)을 중심으로 한 지역에 전자산업의 세계적인 클러스터가 형성되어 지속적으로 다국적기업의 투자를 유치하고 있다.

다음으로 외국인 투자가 많은 지역은 상하이/저장/장쑤로 구성되는 창장(長江) 삼각주 지역이다. 이 지역은 원래부터 중국의 산업 중심지였을 뿐 아니라, 우수한 인력, 물류, 산업의 우위를 바탕으로 중국에 대한 외국인투자의 29.7%를 유치하였다. 특히 상하이시는 1920년대부터 1949년 중국의 공산화 이전까지 아시아의 금융 및 경제 중심지 역할을 해왔을 만큼 개방적 성격이 강한 지역이기도 하다.

이른바 창장강 삼각주와 주장(珠江)강 삼각주로 불리는 이 두 권역은 지금까지 중국에 대한 외국인투자 누계의 60.8% 이상을 차지하고 있다.

이징, 톈진, 허베이 등과 함께 이른바 환발해만 지역으로 분류되기도 한다.

3) 권역별 분포의 특징

한국 대중투자의 권역별 분포는 세계 각국의 대중투자의 권역별 분포와 여러 면에서 큰 차이가 있다.

첫째, 한국과 인접한 산둥성에 대한 투자비율이 매우 높다. 이 지역은 한국의 대중투자 누계의 26.4%를 차지하고 있는 반면, 중국에 대한 외국인투자 누계의 8.9%만이 산둥성을 향하고 있다. 이는 산둥성이 한국 대중투자의 주요거점으로 부상하고 있음을 보여주는 것이다. 산둥성은 단지 한국과의 교통이 편리할 뿐 아니라,[20] 2005년 지역생산총액(GRP) 규모에서 광둥성에 이어 중국 내에서 2위를 점하고 있다. 또한 중국의 대외교역액 기즌으로 2006년 1,106억 달러로 31개 성 중 5위를 점할 만큼 수출입 활동도 활발한 지역이다.[21] 성별 외자유치 순위로도 4위를 기록하고 있다.

둘째, 한국의 대중투자에서는 중국에서 외자유입이 가장 활발한 권역인 광둥 및 푸젠 지역에 대한 비율이 낮다. 1994년에서 2005년까지 중국에 대한 외국인투자의 31.1%가 이 지역으로 집중된 반면, 한국의 이 지역에 대한 투자는 전체의 4.6%에 불과하다. 이러한 차이가 생긴 이유는 이 지역이 한국과 지리적으로 멀고, 한국의 대중투자가 본격화된 이후에는 이미 홍콩, 타이완, 일본 등 자본이 이미 진출한 상태였기 때문으로 보인다.

셋째, 베이징/텐진/허베이성 및 동북 3성 지역에 대한 투자 역시 세계 각국의 투자에 비해 많다. 한국의 투자누계에서 이 두 권역이 차지하는 비율은 32.8%에 달하는데, 세계 각국 투자 누계에서 이 두 권역이 차지하는 비율은 16.5%에 머문다. 한국투자에서 차지하는 비율이 다른 나라들에 비해 두 배 정도 높은 것이다.

---

20 이미 산둥성의 칭다오, 옌타이, 웨이하이 등 주요 도시는 한국과의 항공 및 해운 교통망이 잘 갖추어져 있다.
21 중국의 성별 대외교역액(수요지 및 생산지 기준)은 2006년 광둥성, 장쑤성, 상하이, 저장성, 산둥성 순이다. 『中國統計摘要』(2007, 181).

<표 3-14> 권역별 대중투자의 규모와 비율

권역명	건수	누계액수	비율
산둥	5,902	47.0	26.4
상하이/저장/장쑤	2,906	56.7	31.8
베이징/톈진/허베이	3,028	39.5	22.2
동북 3성	3,537	18.6	10.4
광둥/푸젠	594	8.2	4.6
기타	459	8.1	4.6

주 : 실행액 기준, 2007년 3월까지의 누계.
자료 : 한국수출입은행.

이 지역은 한국에서 지리적으로 산둥성 다음으로 가깝고 동북 3성의 경우에는 재중교포가 많이 분포한 지역이었던 반면 중국 내에서 상대적으로 다른 지역에 비해 개방 속도가 늦었기 때문에 한국기업의 투자가 상대적으로 활발했던 것으로 평가된다.

넷째, 한국의 투자는 권역별 집중도가 높다. 한국은 투자가 활발한 상기 5개 권역에 투자의 95.4%가 집중되어 있는 반면, 전 세계 대중투자에서는 5개 권역에 대한 집중도가 86.3%에 머무른다. 나머지 13.7%가 내륙 등 여타 지역으로 향하고 있다. 1992년에 수교한 한국은 아직까지 연해 지역을 중심으로 투자가 제한되고 있는 반면, 중국진출의 역사가 오래된 구미, 일본, 화교 기업은 내륙지역 등으로 투자를 점차 다변화하고 있기 때문이다.

4) 권역별 분포의 변화

1993년 이후 대중투자의 지역적 분포는 꾸준한 변화를 보이고 있다. 비록 거의 모든 지역에 대한 투자 절대액이 늘어나고 있지만, 각 지역이 차지하는 비율은 몇 가지 뚜렷한 방향의 변화를 보인다.

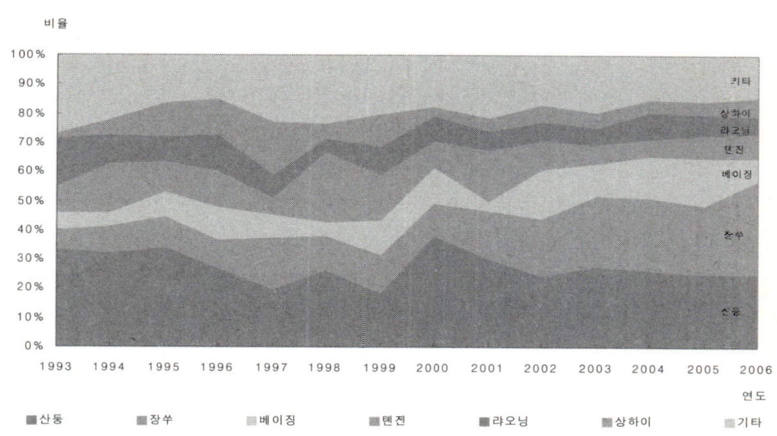

〈그림 3-11〉 주요 성별 대중투자의 변화 (1993~2006)

자료 : 한국수출입은행.

먼저 산둥성에 대한 투자가 차지하는 비율은 기복이 있으나 완만하게 감소하는 추세이다. 투자 총액 상위 6개성에 대한 투자 추이의 변화를 보면 1993년 대중투자의 33%에 달했던 산둥성에 대한 투자비율은 2006년 24.6%로 줄었다. 2000년대 들어서도 산둥성에 대한 투자액수는 2001년 1.9억 달러에서 2006년 8.1억 달러로 급증하였으나 비율은 29.9%에서 24.6%로 줄어들었다. 즉 산둥성에 대한 투자가 여전히 활발하기는 하지만, 상하이나 장쑤성 등 여타 지역에 대한 투자가 더 크게 늘어나면서 그 비율은 줄고 있다.[22]

둘째, 특히 장쑤성에 대한 투자는 1990년대에는 10% 수준에 머물렀으나 2000년대 들어 빠르게 증가하여 2006년에는 10.7억 달러로 대중투자의 32.3%를 차지하였다. 단일 성으로는 처음으로 산둥성에 대한 투자(8.1억 달러)를 추월한 것

---

[22] 1990년대에는 주로 상하이에 대한 투자가 급증하면서 산둥성에 대한 투자비율이 줄었고, 2000년대에는 장쑤성에 대한 투자가 급증하면서 산둥성에 대한 투자비율이 줄어들었다.

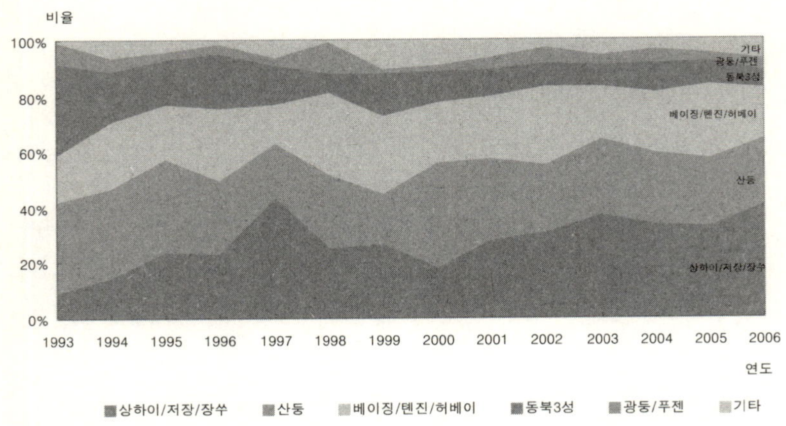

〈그림 3-12〉 한국기업의 권역별 투자의 비율 변화(1993~2006)

자료 : 한국수출입은행.

이다. 이는 한국 대기업의 입지 전략과도 밀접한 관련이 있다. 즉 장쑤성 지역은 특히 한국 대기업을 중심으로 2000년대 이후 대규모 투자가 활발한 지역이다. 이는 산둥성에 대한 건당 투자규모(누계기준)가 건당 80만 달러 수준인 데 비해, 장쑤성에 대한 건당 투자규모는 276만 달러로 가장 큰 건당 투자규모를 보이고 있는 데서도 확인된다.

셋째, 베이징, 톈진 지역에 대한 투자는 대체로 유지되고 있다. 반면 동북 3성의 대표적인 투자지역인 랴오닝성에 대한 투자비율은 감소하고 있다. 1993년 한때 대중투자의 16.5%를 흡수하여 산둥성에 이어 2위를 기록한 바 있는 랴오닝성은 2006년 대중투자의 5.4%만을 흡수하였다.

또한 앞서 살펴본 바와 같이 중국 연해지역 및 동북3성 12개 성을 5개 권역으로 나누어 1993년 이래 투자액 및 비율의 변화를 살펴보면, 상하이/장쑤/저장 지역에 대한 투자비율이 확대되고 동북 3성에 대한 투자의 비율은 줄고 있다는 사실이 뚜렷하게 드러난다.

<표 3-15> 한국기업의 권역별 투자의 변화(1993~2006) (단위 : 백만 달러)

연도	산둥성	동북 3성	베이징/톈진/허베이	상하이/저장/장쑤	광둥/푸젠	기타
1993	88	87	44	24	21	2
1994	204	113	154	93	30	42
1995	287	133	163	198	27	34
1996	249	181	243	212	35	10
1997	143	102	105	320	20	48
1998	183	52	203	176	76	5
1999	66	57	101	98	6	37
2000	270	82	151	130	11	67
2001	190	65	141	176	25	42
2002	250	84	286	314	57	31
2003	449	127	309	610	68	88
2004	592	230	500	772	121	79
2005	654	232	692	855	72	123
2006	813	213	608	1364	137	245

자료 : 한국수출입은행.

상하이/장쑤/저장 등 창장 삼각주 지역에 대한 투자는 1993년에는 2,400만 달러 수준으로 매우 미미한 수준이었으나, 1997년 3.2억 달러 수준으로 크게 늘어 났으며, 다시 2000년대 들어 2000년 1.3억 달러에서 2006년에는 13.6억 달러로 10배 이상 증가하는 등 크게 증가하였다. 반면 동북 3성 지역에 대한 투자는 1993 년 8700만 달러 수준에서 1996년 1.8억 달러까지 증가하였으나 이후 2003년까지 투자가 격감하는 등 투자가 부진했다. 2004년 이후 중국의 '동북 3성 등 노(老) 공 업기지 진흥계획' 등 새로운 투자환경이 조성되면서 이 지역에 대한 한국기업의 투자가 회복되고는 있으나 2006년 현재 2.1억 달러 수준에 머무르고 있다.

그 밖에 산둥성, 베이징/톈진/허베이, 광둥 및 푸젠 등 다른 권역에 대한 투자 의 비율은 3개 권역을 합쳐서 대체로 50%대를 유지하는 등 비교적 안정적이다. 그렇지만 장기적으로 그 비율이 줄어드는 추세이다. 대중투자의 1차 급증기인

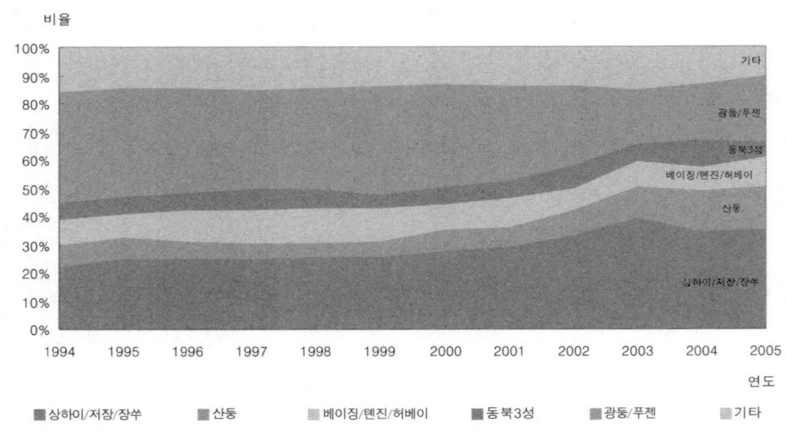

〈그림 3-13〉 중국에 대한 투자 전체의 권역별 분포의 변화(1994~2005)

출처 :『中國統計年鑑』(각 년도) ; 중국 상무부 홈페이지 ; 한국수출입은행 등.

1993~1996년 사이에 이들 3개 지역이 차지하는 비율의 평균은 58%였으나, 대중투자의 2차 급증기인 2002년 이후 5년간의 평균은 52.5%에 그친다.

한편 이러한 한국기업 대중투자의 입지선정 특징의 변화와 비교해보기 위해 1994년에서 2005년까지 세계 각국의 중국에 대한 권역별 투자분포의 변화를 살펴보면, 창장 삼각주 지역에 대한 투자의 증가, 광둥성 및 푸젠성 지역에 대한 투자비율의 감소, 전반적인 투자지역의 다변화 및 그중 산둥성에 대한 투자비율의 증가 등의 특징이 나타난다.

첫째, 창장 삼각주 지역의 투자비율이 뚜렷하게 커졌다. 이 권역에 대한 전체 해외투자는 1994년 22.5%에서 2005년 35.5%까지 꾸준히 늘어났다. 반면 세계 각국의 대중투자 전체에서 가장 큰 비율을 차지하고 있던 광둥 및 푸젠 지역에 대한 투자의 비율은 특히 2000년대에 들어 뚜렷하게 줄고 있다. 즉 그 비율은 1994년 39.6%에서 2000년 36.5%, 2005년 23.9%로 크게 줄었다. 특히 2000년대 들어 이 권역에 대한투자비율의 감소가 두드러진다.

둘째, 또한 투자가 집중된 이 두 권역 외의 지역으로 투자가 다변화되고 있다. 1994년 창장 삼각주 및 광둥/푸젠 등 두 개 권역에 대한 투자는 전체의 61.8%에 달했고, 그 집중도는 1999년 64.7%까지 증가했으나 2000년대 들어 감소세를 거듭하여 2003년 이후에는 50%대에 머물고 있다.

셋째, 그중에서도 산둥성에 대한 세계 각국 기업의 투자비율이 높아지고 있다. 산둥성에 대한 세계 각국의 투자비율은 1995년 7.7%이던 것이 2000년에도 7.4% 수준으로 유지되었으나, 2000년대 들어 빠르게 증가하여 2005년 14.7%에 달했다.

이러한 변화는 중국의 투자환경 변화와 밀접한 관련이 있다. 즉 개혁개방 초기에는 광둥성 지역의 4대 경제특구를 중심으로 가공형 무역에 종사하는 외자기업의 투자가 주로 이루어졌다. 그러나 1992년 남순강화 2001년 WTO 가입 등을 통해 중국의 대외개방 수준이 높아지면서 초기에 외자기업 유치의 특권적인 창구 역할을 했던 광둥성의 비율은 점차 줄었다. 반면 중국 경제의 실질적 중심이라고 할 수 있는 창장 삼각주 지역에 대한 다국적기업의 대규모 투자가 본격화되었다. 동시에 개방정책이 확대된 그 밖의 지역으로도 투자가 다변화되고 있는 것이다.

이러한 변화를 한국의 권역별 투자비율의 변화추세와 비교해 보면 몇 가지 유사점과 차이점이 드러난다. 유사점은 한국기업도 세계 각국의 추세에 맞추어 창장 삼각주 지역에 대한 투자를 늘리고 있다는 점이다. 같은 기간 한국의 대중투자에서 이 권역의 비율이 14.6%에서 32.7%로 늘어났다. 광둥성 및 푸젠성 지역에 대한 투자비율의 감소는 한국의 대중투자의 경우에는 나타나지 않는데, 이는 이 권역에 대한 한국의 투자가 원래 매우 미미했기 때문이다.

반면 투자지역의 다변화추세의 경우에는 한국의 경우에는 잘 나타나지 않는다. 한국기업은 여전히 연해의 몇몇 지역에 투자를 집중하고 있다. 그러나 2000년대 이후 외자기업의 투자가 확대되고 있는 산둥성에 대한 투자는 초기에 한국기업이 선도하였다고 할 수 있다. 산둥 지역은 초기에는 주로 한국기업들이 주목하는 투자지역이었으나, 2000년대 이후 세계 각국의 기업도 이 지역에 주목하고 있는 것이다.

제4장

투자동기

한국기업의 대중투자는 급증하고 있다. 여기에 이어지는 질문은, 그렇다면 왜 중국에 투자를 하느냐이다. 즉 한국기업이 중국에 투자하는 동기가 무엇이냐이다.

이 질문에 대답하기 위해서는 기업이 해외에 투자하게 되는 일반적인 동기는 무엇인지, 중국은 외국기업에게 어떠한 투자환경을 제공하고 있는지, 한국기업의 대중투자 동기는 무엇이며 어떻게 변하고 있는지를 확인할 필요가 있다.

1. 비용절감과 시장지향을 넘어

1) 해외직접투자의 동기

해외직접투자는 일반적으로 해당국의 내수시장 개척을 목적으로 하는 시장지향형 투자와 해당국의 저렴한 생산 조건의 활용을 목적으로 하는 비용절감형(또는 수출 지향형) 투자로 크게 나눈다(OECD 2000, 11).

일반적으로 양국 간의 교역에서 높은 관세, 비관세 장벽이 국가 간에 존재하

거나 수송비용이 높을 경우 직접투자를 통해 현지에서 직접 생산 판매하는 시장
지향형 투자가 이루어진다. 시장지향형 투자의 경우 기존의 생산을 지리적으로
확장한다는 의미에서 수평적 결합 이론이라고 부르기도 한다. 이 경우 현지에서
생산된 제품은 대부분 현지시장에서 판매된다. 이는 주로 선진국 사이에 이루어
지는 직접투자를 설명하는 데 유용하다.

반면 헬프만(Helpman 1984), 헬프만과 크루그만(Helpman and Krugman 1985)
등은 수직적 직접투자에 관한 이론을 발전시켰다(수직적 결합). 이는 국가 간 요소
가격의 차이에 따라 기업이 노동비용 등 요소비용이 낮은 지역에 공장을 설립하
게 된다는 것이다. 이는 요소가격에 따른 국제분업이 형성되는 현상을 적극적으
로 설명하는 이론이라고 할 수 있다. 이러한 수직적, 비용절감형 투자의 경우에
는 생산된 상품이 현지에서 판매되기보다는 제3국 시장으로 수출된다. 때문에
이를 수출기지(export platform)형 투자라 부르기도 한다. 이러한 이론은 노동비용
등 요소가격의 차이가 중요한 역할을 한다는 점에서 선진국에서 임금이 저렴한
개도국으로 향하는 직접투자를 설명하는 데 유용하다(지만수 외 2005, 48-53).

한편 코틀러(Kotler 2001)는 개별기업의 입장에서 해외로 사업을 확장하게 되
는 동기를 더 상세히 분류하고 있다.[1] 코틀러(2001)가 설명하는 동기에는 해외직
접투자뿐 아니라 수출 등을 통해 사업을 국제화하는 것까지 포함하고 있다.[2] 그
의 연구에서 주목할 것은 해외투자의 동기로서 '고객의 해외진출에 따른 동반진

---

[1] 즉 기업이 해외로 투자하게 되는 이유를 ① 글로벌 시장에서 경합하는 타사의 고품질 제품이 낮은
가격으로 국내시장을 공격할 가능성이 있을 때 상대국에 직접 진출하여 반격을 가하는 경우, ② 국내
시장보다 더 큰 이익을 줄 가능성이 있는 대규모 해외시장이 있는 경우, ③ 규모의 경제를 추구하기 위
해 고객 기반을 확장해야 하는 경우, ④ 특정 시장에 대한 의존도를 줄이고 싶은 경우, ⑤ 고객이 해외
로 진출하여 해외에서 서비스를 원하는 경우 등으로 보다 상세하게 제시하고 있다(みずほ總合研究所
2007에서 재인용).
[2] 다섯 가지 이유 가운데 ③ 규모의 경제 추구나 ④ 특정 시장에 대한 의존도를 줄이는 차원의 진출은
주로 수출을 통한 국제화에 해당한다. 그러나 ①과 ②는 각각 비용절감형 투자와 시장지향적 투자를
설명한다고 볼 수 있다.

출' 필요성을 지적하고 있다는 것이다. 예를 들어 어떤 기업이 비용절감이나 시장지향을 위해 특정국에 투자하는 경우, 그러한 투자 자체가 다른 관련 기업의 해당 국가에 대한 동반진출을 촉진하게 된다. 이러한 해외투자 촉진효과는 처음에 이동한 기업이 조립형 산업의 대기업일수록,[3] 또 지리적 거리 등 해당국으로의 진출비용이 상대적으로 작을수록 커질 것이다.

물론 시장지향, 비용절감, 동반진출 등 위에서 언급한 투자동기가 실제 개별 투자사례 사이에서 서로 분명하게 구별되지는 않는다. 실제 사례는 복합적인 동기를 갖고 있는 경우가 많다. 가령 어떤 외국시장에 진출하기 위해서 투자하였지만, 결과적으로 해당 국가의 저렴한 생산요소를 활용하여 생산비용을 절감하는 경우, 비용절감을 위해 투자하였으나 현지시장에서도 판매가 확대되는 경우, 협력사가 진출하면서 따라 동반진출했으나 현지에서 시장도 개척하고 비용도 절감하는 경우 등이 오히려 더 일반적일 것이다.

2) 중국의 투자환경 : 시장, 요소, 생산 네트워크

중국은 이러한 세 가지 투자동기가 모두 적용될 수 있는 조건을 갖추고 있다.

첫째, 시장지향형 투자동기는 해당 지역의 시장이 클수록, 교역을 통한 시장 접근의 비용이 클수록 더 커진다. 이때 시장의 크기는 경제규모에 비례한다. 중국은 13억에 달하는 세계에서 가장 많은 인구, 네 번째로 넓은 국토면적을 가진 대국(大國)이다. 더구나 1979년 이후 2006년까지 국내총생산 증가율 연평균 9.7%라는 놀라운 속도로 성장한, 세계에서 경제성장이 가장 빠른 나라이다. 그 결과 2006년 중국의 경제규모는 1978년의 13.3배로 커졌고, 중국의 GDP 총액은

---

3 즉 조립형 산업의 경우 관련 기업이 더 많고, 대기업일수록 동반진출을 요구할 수 있는 협상력이 커진다.

20조 9407억 위안, 2조 6,800억 달러에 달한다. 이는 미국, 일본, 독일에 이은 세계 4위의 경제규모이다.[4] 특히 2003년 이후 2006년까지 최근 4년간의 평균성장률은 10.3%에 달해 장기간의 고도성장이 점차 둔화되기보다는 오히려 가속되고 있다.

세계시장에 제공하는 시장의 크기를 더욱 직접적으로 나타내는 수입액에서도 1990년 중국은 533억 달러의 상품을 수입함으로써 세계 17위의 수입시장이었으나, 2000년에는 2,250억 달러의 상품을 수입하여 세계 8위의 수입시장으로 성장하였으며, 2006년에는 7,916억 달러의 상품을 수입하여 미국, 독일에 이어 세계 3위의 수입시장으로 성장했다.[5]

이처럼 빠른 성장과 거대한 인구를 바탕으로 중국은 이미 몇몇 제품에 대해서는 이미 세계 최대의 시장을 형성하고 있다. 이동전화의 경우 2006년 사용자 수가 4억 6,108만 명에 달해 세계 최대의 시장이다. 2006년 자동차 생산량은 727만대, 국내시장 판매량은 721만대에 달해 미국에 이어 세계 두 번째로 큰 자동차 시장이기도 하다.

한편 중국은 개방이 진행 중인 나라로서, 교역에 따른 관세 등 거래비용이 높다. 중국의 평균 관세는 2001년 WTO 가입 당시의 15.3%에서 2006년 9.9%로 낮아졌고, 그중 공산품 평균관세는 14.8%에서 9.0%로 낮아졌으나 선진국에 비해서는 아직 높은 편이다.[6] 또한 완성차에 대해서 25%의 관세율을 유지하는 등 일

---

4 2005년 기준으로 각국의 GDP는 미국 12.4조 달러, 일본 4.5조 달러, 독일 2.8조 달러, 중국 2.2조 달러 수준이다. 중국은 2007~2008년 중 독일을 추월하여 세계 3위의 경제규모를 가진 국가로 부상할 전망이다.

5 이상 중국의 시장규모에 관해서는 『中國統計摘要』(2007), 『國際統計年鑑』(2006 ; 2007), 21세기 중국총연 편(2006), 國家統計局(2007), KIEP 베이징사무소(2007) 등

6 한국의 경우 공산품 평균관세율은 2005년 7.7%이고 교역 가중치를 부여한 실행세율(실행가중평균세율)은 4.58% 수준이다(강인수 외 2006, 51). 미국의 공산품 실행관세율은 평균실행관세율은 4.0%이다(강문성 외 2003, 138).

부 품목의 관세율은 평균 관세율보다 훨씬 높다(양평섭·구은아 2006, 3).

다만 중국은 1990년대 말까지도 외자기업의 투자에 대해 다양한 조건을 부과해 내수지향형 투자를 사실상 제한해 왔다. 외자기업에 대해 부과하던 가장 대표적인 세 가지 규제는 수출 의무, 중국산 부품 사용 의무, 외환수지 균형 의무 등이다. 이 중 수출의무는 외자기업이 생산량의 전부 혹은 일정 비율 이상을 반드시 수출하도록 하는 규정으로 직접적으로 내수시장 진출을 막는 효과가 있다. 또한 외환수지 균형 의무는 생산에 필요한 원자재나 부품을 수입하기 위한 외화는 수출을 통해 외자기업이 스스로 조달하도록 규정하는 것으로, 내수시장 판매보다는 수출을 장려하는 것이었다.

내수시장 진출을 제한하는 이러한 규정들은 2001년 WTO 가입을 앞두고 모두 사라졌다.[7] 또한 중국의 WTO 가입에 따라 유통업 등 서비스 산업의 개방도 확대되었다. 이를 통해 외자기업이 중국 내수시장을 개척하는 데 한계로 지적되던 유통시장에 대한 접근이 쉬워졌다. 시장지향형 투자를 가능하게 하는 제도적 환경이 정비된 것이다.

중국은 시장규모 면에서는 세계에서도 가장 빠르게 성장하는 거대시장이면서도 교역 비용 면에서는 선진국에 비해 관세율 등 교역에 따른 비용이 높은 편이다. 외자기업의 내수시장 진출을 제한하던 조치도 2000년대 들어서는 크게 완화되었다. 시장지향형 해외투자가 활발하게 이루어질 수 있는 조건을 갖춘 것이다.

둘째, 비용절감형 투자동기는 해당국의 노동, 자본, 토지, 기술 등 생산에 필요한 여러 생산요소의 가격이 낮고 풍부할 때 커진다. 일반적으로 자본과 기술은 투자하는 기업이 갖고 있는 경우가 많기 때문에 해외투자를 통한 비용절감을 위

---

7 다만 자동차 산업에 대해서는 KD(knock down) 부품을 수입하는 경우, 차체/엔진 등 특정부품을 조합하여 수입하는 경우, 수입부품의 가격 합계가 완성차 가격의 60% 이상인 경우에 대해서는 수입부품의 관세율을 10%가 아니라 완성차에 준하는 25%로 적용하고 있다. 이는 사실상 중국산 부품 사용을 강제하는 것에 해당하는 것으로 평가된다(양평섭·구은아 2006, 3).

해서는 저렴하고 풍부한 노동과 토지가 가장 중요하다.[8]

중국은 세계에서 가장 풍부한 노동력을 갖고 있는 나라다. 중국의 인구는 2006년 말 13억 1,448만 명에 달하고 이중 15~59세까지의 경제활동 가능 인구가 9억 586만 명으로 68.9%에 달한다. 취업인구는 7억 6,400만으로 그중 농촌 취업자를 제외한 도시지역 취업자가 2억 8,310만 명에 달한다. 도시 취업자의 수는 2006년 1,184만 명이 늘어났다. 7억 3742만으로 전 인구의 56.1%를 차지하는 농촌인구는 매년 1,000만 이상이 도시로 이동함으로써 도시 노동력의 중요한 원천이 되고 있다(이상 2006년 말 기준).

노동력의 교육수준 면에서도 끊임없는 교육투자를 통해 2006년 고등학교 입학 정원이 871만 명, 대학교 입학정원이 540만 명에 달할 정도이다. 세계적으로도 매우 우수한 노동력의 보고인 것이다.

노동력의 가격 면에서도 중국은 선진국은 물론이고 주요 발전도상국에 비해 훨씬 임금수준이 낮다. 어떤 나라의 임금수준은 기본적으로 그 나라의 소득수준에 비례한다. 중국의 일인당 GDP는 1995년 581달러에 불과하였으나 경제성장과 함께 급증하여 2000년 856 달러, 2006년에는 2,046달러에 달했으나 여전히 매우 낮은 수준이다. 세계은행에 따르면 2005년 중국의 일인당 국민총소득(GNI)은 1,740달러로 세계 208개국 중에 128위였다.[9]

보다 구체적으로 비교해 보면 2006년 중국의 근로자 평균임금(職工平均工資)

---

8 열거한 생산요소 중에서 자본과 기술은 투자대상국의 투자환경이라기보다는 투자하는 (외국) 기업이 갖추고 있는 경쟁력에 해당한다. 즉 '투자'의 정의상 자본을 따라서 대부분 투자 대상국보다는 투자하는 기업이 본래부터 갖추고 있는 경우가 많다. 그러나 발전도상국의 기업이 해외에 투자하는 경우에는 브랜드나 기술처럼 원래 갖고 있지 못한 경영역량을 해외투자를 통해 습득하려 하는 경우도 있다. 이 경우에는 앞선 자본이나 기술도 해외투자의 동기가 되나, 이는 비용절감을 위한 투자라기보다는 역량획득(asset building)을 위한 투자이다. 발전도상국 기업의 해외투자에 관해서는 Dunning et al.(1997)을 참고할 수 있다.

9 한국의 일인당 GNI는 2005년 15,840 달러로 49위를 기록하였다. 한편 30,000달러 이상의 고소득 국가는 21개였다(World Bank, 2007).

은 연 21,001위안이었다. 평균보다 임금수준이 높은 외자기업 근로자의 경우에는 연 24,784위안(년 3,174 달러) 수준이다. 이는 한국의 2006년 상용근로자 평균임금(월 254.2만원, 년 32,814 달러)의 1/10 수준에 불과하다.[10] 세계에서 가장 풍부한 노동력을 갖고 있으면서, 선진국의 1/20, 한국의 1/10에 불과한 임금 수준을 가진 중국은 비용절감형 투자를 유인할 수 있는 최적의 조건을 갖추고 있다고 할 수 있다.[11]

셋째, 한편 중국이 글로벌 생산 네트워크의 중요한 허브로 등장함에 따라 중국에는 소비재 시장이 아닌 생산자 시장, 저임금 노동력을 넘어선 집적과 네트워크 외부성의 이익 등 새로운 투자 유인 요소가 형성되고 있다.

중국이 세계적인 소비재 및 생산재의 시장으로 부상하고(세계 3위의 수입국), 저렴한 생산비용을 활용한 생산기지로 부상함에 따라 많은 글로벌 대기업이 중국에 투자하고 있다. 2004년의 경우 『포춘』Fortune에서 선정하는 글로벌 500대 기업 가운데 261개가 중국에 투자한 것으로 알려지고 있다(『中國證券報』 2005.5.18). 또 그중 중국의 수도인 베이징 지역에 투자한 기업만 185개사 355개 프로젝트에 달하고 그 투자총액은 122.6억 달러, 그중 외국 측의 투자액이 68.4억 달러인 것으로 나타났다(王志樂 2006, 167). 이러한 세계적 대기업의 투자는 이들에게 원래부터 제품이나 서비스를 공급하던 연관 기업의 투자를 동반하게 된다.

특히 자동차나 전자제품 같은 조립형 산업 대기업의 대중투자는 관련 기업의 중국진출을 촉진하고 있는 것으로 나타나고 있다. 대표적인 조립산업인 자동차

---

10 『中國統計摘要』(2007), 한국은 노동부 매월노동통계 http://laborstat.molab.go.kr/에서 제시된 2006년도 상용근로자 5인 이상 사업체의 상용근로자 1인당 월평균임금을 연말 환율로 환산.
11 생산비용절감형 투자에서도 저렴한 노동력이나 토지 외에도 새로운 비용절감 요소들이 등장하고 있다. 즉 중국의 지속적인 산업 발전으로 전자 산업 등 일부 산업은 세계적 생산기지가 형성돼 있고 주장 삼각주, 창장 삼각주 일대에는 무수한 관련 기업이 입지한 산업 클러스터가 형성되고 있다. 이에 따라 다양한 부품 및 원자재를 신속하고 저렴하게 조달한다는 면에서도 중국은 매력적인 투자입지로서의 경쟁력을 갖추어 가고 있다. 비용절감형 투자의 동기도 보다 다양해지고 있는 것이다.

<표 4-1> 일본 자동차 부품기업의 지역별 분포 및 변화

	2004	2005	증가
미국	288	288	0
북아메리카 기타	21	22	1
유럽	152	163	11
중국	226	294	68
아시아 기타	355	373	18
기타	88	94	6

출처 : 『21世紀經濟圖報』 2006.4.18.

산업의 경우에 GM, Toyota, Honda, Ford, Volkswagen 등 세계적 대기업이 모두 중국에 대규모 생산기지를 갖고 있다. 이에 따라 이들에게 부품을 공급하는 많은 업체가 중국에 진출하고 있다.

예를 들어 2005년 294개의 일본의 자동차 부품업체가 중국에서 중국 내의 완성차 업계를 위해 자동차 부품을 수출하고 있다. 이는 2004년에 비해 68개사나 증가한 것이다. 반면 일본 자동차 업계의 진출 역사가 오래된 아시아 기타 지역에 대한 진출은 같은 기간 18개사가 늘어났을 뿐이며, 미국의 경우 새로운 기업의 진출이 없었다.

종합하면, 중국에 대한 외국기업의 직접투자는 개혁개방 초기에는 주로 비용절감형 투자였던 것으로 보인다. 주로 중국의 저렴한 노동력을 활용하고자 하는 타이완, 홍콩, 싱가포르 등 화교자본에 의한 비용절감형 투자가 대중투자에서 높은 비율을 차지했다. 그러나 2000년대 들어 중국의 시장규모가 커지고, WTO 가입 등으로 시장에 대한 접근이 보장되면서 중국시장진출을 지향하는 투자 또한 늘어나기 시작했다. 또한 이처럼 중국에 대한 외국기업의 투자가 늘어나면서 중국에서는 새로운 글로벌 생산 네트워크의 허브가 형성되고 있고, 이는 대중투자의 새로운 동기를 스스로 창출하고 있다.

2. 한국기업의 대중투자동기

앞에서 기업의 해외투자동기가 대체로 비용절감, 시장지향, 동반진출 등으로 대별될 수 있음을 확인하였다. 한국기업의 대중투자 역시 이러한 틀을 크게 벗어나지 않을 것이다.

기업의 해외투자동기를 확인하는 방법은 두 가지가 있을 수 있다. 즉 1) 개별기업에 대한 직접적인 조사를 통해 투자동기를 질문하는 방법과 2) 기업의 실제 행태, 특히 매입 및 매출 행태를 분석하여 투자동기를 추측하는 방법이 있다.

여기서는 한국기업의 대중투자동기를 확인하기 위해 그동안 행해진 각종 설문조사의 내용을 확인하고, 다음으로 중국에 투자한 한국기업의 매입 및 매출구조의 변화를 통해 특히 시장지향적 동기가 얼마나 작용하고 있는지를 확인하고자 한다.

1) 설문조사에 나타난 투자동기

대중투자의 동기를 가장 잘 이해하는 방법은 직접 기업의 투자동기를 묻는 것이다. 현실에서 개별기업이 해외투자를 결정하는 이유는 다양하고 복합적이다. 설문조사는 개별기업의 구체적인 상황을 이해할 수 있는 가장 좋은 방법이다.

한국기업의 대중투자동기에 관해서는 그동안 다양한 조사가 행해졌다. 이 중 비교적 광범한 설문조사는 대외경제정책연구원, 인천상공회의소, 인천발전연구소가 공동으로 2003년 2월부터 2004년 2월 사이에 인천지역 1,181개 업체를 대상으로 실시한 조사이다(지만수 외 2004, 138~139 ; 58).[12]

---

12 단 본 조사에 응한 기업은 중국에 대한 투자여부와 관계없이 선정되었다. 실제로 응답기업의 52.6%가 중국에 투자하는 것을 고려하고 있지 않다그 응답하였다.

<표 4-2> 중국진출을 고려하는 이유

분류	동기	1순위	2순위	3순위	합계(비율%)
중국의 싼 인건비	비용절감형	177(42.8)	106(27.9)	59(17.8)	342(30.4)
국내에서 사양산업화		26(6.3)	41(10.8)	44(13.3)	111(9.9)
중국의 적극적인 투자유치정책 (세금감면, 토지제공 등)		10(2.4)	42(11.1)	52(15.7)	104(9.2)
중국의 넓은 시장	시장지향형	139(33.6)	99(26.1)	44(13.3)	282(25.0)
납품업체의 중국진출	동반진출형	34(8.2)	29(7.6)	40(12.0)	103(9.1)
경쟁업체의 중국진출	기타	13(3.1)	29(7.6)	38(11.4)	80(7.1)
국내 노사불안		5(1.2)	13(3.4)	14(4.2)	32(2.8)
국내규제 강화(환경오염 규제 등)		10(2.4)	21(5.5)	41(12.3)	72(6.4)
전체		414(100.0)	380(100.0)	332(100.0)	1,126(100.0)

주 : ( )는 %, 1,181업체에 대한 조사 중 414개 기업의 1,126개 복수 응답.
출처 : 지만수 외(2004, 58)에서 재작성.

조사에서는 중국진출을 고려하는 이유로서 ① 중국의 싼 인건비, ② 중국의 넓은 시장, ③ 국내에서의 사양산업화, ④ 경쟁업체의 중국진출, ⑤ 납품업체의 중국진출, ⑥ 국내 노사불안, ⑦ 중국의 적극적인 투자유치정책, ⑧ 국내규제 강화(환경오염규제 등) 등을 제시하였다.

이 중에서 중국의 싼 인건비, 국내에서 사양산업화, 중국의 적극적인 투자유치정책 등은 비용절감형 투자의 동기라고 할 수 있다. 주로 노동집약적 경공업이 사양산업으로 분류되는 상황에서 국내의 인건비 등 비용상승을 감당하기 곤란한 기업이 비용절감을 위해 중국진출을 고려할 가능성이 크다. 또한 세금감면이나 토지제공 등 중국의 적극적인 투자유치정책 역시 기업의 비용에 직접 영향을 주는 변수라는 면에서 비용절감형 투자의 중요한 동기라고 할 수 있다.

반면 '중국의 넓은 시장'은 시장지향형 투자, '납품업체의 중국진출'은 동반진출형 투자를 각각 반영한다. 그 밖에 기타로 분류한 질문은 그 동기가 매우 복합적이어서 특정 동기로 구분하기 곤란하거나('경쟁업체의 중국진출') 세 가지 주요 동기와 별 관련이 없다.[13]

이에 따르면 한국기업의 대중투자동기 중 2004년 시점에서 가장 중요한 것은 역시 비용절감형 투자인 것으로 나타났다. 1순위 응답의 결과만 본다면, '중국의 싼 인건비'를 투자이유로 응답한 기업이 42.8%로 가장 높다. 뿐만 아니라 간접적으로 비용절감과 관련되는 '국내에서 사양산업화'와 '중국의 투자유치정책'을 포함하면 비용절감형 동기의 응답은 51.4%로 전체의 절반을 넘는다.

시장지향형 투자, 즉 '중국이 넓은 시장'을 투자의 동기라고 응답한 경우도 33.6%에 달하여 매우 높은 비율을 차지하고 있다. '납품업체의 중국진출'이라는 동반진출형 동기의 응답도 8.2%로 높은 비율을 차지했다. 특히 1, 2, 3순위의 응답을 모두 포함시키면[14] 동반진출형 동기의 비율은 9.1%까지 올라간다.

그러나 본 조사는 첫째, 조사표본 중에 중국에 대한 투자를 고려하고 있지 않은 기업이 다수 포함되어 있고,[15] 둘째, 진출을 고려하고 있는 기업은 많으나 실제로 이미 진출한 기업은 전체 표본의 10% 수준인 112개 사에 불과하다.

중국에 이미 투자한 기업에 관한 투자동기의 조사로는 지만수 외(2004)에서 소개된 대외경제정책연구원의 2004년 설문조사가 있다. 이 조사는 중국에 투자한 298개 기업에 대한 직접 방문 및 인터뷰 조사로 산업 및 지역 분포 면에서 중국에 투자한 한국기업 전체의 동향을 비교적 잘 대표한다(지만수 외 2004, 163-167).

동 조사의 설문결과에 따르면, 각 기업이 복수로 응답한 투자동기의 순서는

---

13 예를 들어 개별기업 입장에서는 해외투자를 통해 비용을 절감하겠다는 뚜렷한 목적의식을 가지고 있는 경우도 있지만, 그렇지 않은 경우도 있다. 즉 표면적으로는 국내에서 직원을 채용하기 힘들어졌다든가, 해당 산업이 국내에서 사양산업화되어 부품을 더 이상 구하기 어려워졌다든가, 바이어가 생산기지 이전을 요구했다든가 하는 다른 이유 때문에 해외투자를 결정하는 경우가 많다. 그렇지만 이러한 이유는 결국 국내에서는 더 이상 비용절감을 하기 어려운 상황임을 알려주는 다른 표현이라고도 할 수 있다.

14 본 조사에서는 중국진출을 고려하는 응답을 복수로 1, 2, 3순위까지 응답하도록 했다. 1,181개 기업 중 414개 기업이 응답하였다. 기업의 투자동기를 가장 잘 보여주는 것은 이 중 1순위 응답이라고 볼 수 있다.

15 단 621개 52.6%에 달하는 이들 기업은 본 설문에 대부분 응답하지 않았다. 이는 본 질문에 응답한 기업 수가 414개에 불과한 것에서 유추할 수 있다.

〈표 4-3〉 대중투자동기 (복수응답)

항목	응답횟수	비율	응답기업의 비율
저임금+노동력	219	36.2	75.3
내수시장 진출	155	25.6	53.3
타 기업과 연계	52	8.6	17.9
우회수출	31	5.1	10.7
바이어 요구	67	11.1	23.0
원부자재 확보	38	6.3	13.1
싼 토지비	14	2.3	4.8
조세우대	11	1.8	3.8
한국 내 규제(환경 등)	18	3.0	6.2
계	605	100.0	207.9

주 : 1. 결측사례 2, 응답기업 291.
　　 2. 응답회수는 복수(複數) 응답의 해당 항목 응답수, 비율은 전체 응답(605개)에 대한 해당 항목의
　　　 비율, 응답기업의 비율은 응답한 기업(291개)에 대한 해당 항목 응답의 비율.
자료 : 지만수 외(2004, 57).

① 저렴한 노동력(전체의 36%), ② 내수시장 진출(26%), ③ 해외 바이어의 요구(11%), ④ 생산 공정상 타 기업과의 연계 진출(9%), ⑤ 원부자재 확보(6%), ⑥ 우회수출(5%), ⑦ 한국 내 규제(3%), ⑧ 저렴한 토지비용, ⑨ 조세우대 등의 순으로 나타났다.

즉 중국에 이미 진출한 298개 기업에 대한 조사에서도 2004년 시점에서, 중국의 값싸고 풍부한 노동력을 활용하기 위한 투자가 가장 많고, 그다음으로 내수시장 진출을 위한 시장지향형 투자와 동반진출형 투자가 뒤를 잇고 있다.

응답에서 3위를 차지한 '해외 바이어의 요구'나 '싼 토지비용' 등은 넓게 보면 역시 비용절감형 투자동기에 속한다고 할 수 있다. 이 경우 비용절감형 투자가 49.6%로 전체 투자동기의 절반 정도를 차지한다고 말할 수 있다.

특기할 만한 점은 생산공정상 대기업과의 연계진출을 투자동기로 보는 업체의 비율이 응답전체의 비율로는 8.6%, 조사 대상 기업 중에서 본 항목에 응답한 기업의 비율은 17.9%에 달했다는 점이다. 또한 투자동기를 묻는 질문과는 별도

〈표 4-4〉 대기업의 대중투자동기 (다중응답)

항목	응답횟수	비율	응답기업의 비율
내수시장 진출	29	45.3	85.3
저임금+노동력	17	26.6	50.0
우회수출	6	9.4	17.6
바이어 요구	4	6.3	11.8
원부자재 확보	3	4.7	8.8
조세우대	1	1.6	2.9
타 기업과 연계	3	4.7	8.8
한국 내 규제(환경 등)	1	1.6	2.9
계	64	100.0	188.2

주 : 1. 결측사례 0, 응답기업 34.
　　2. 응답회수는 복수(複數) 응답의 해당 항목 응답수, 비율은 전체 응답(64개)에 대한 해당 항목의
　　　비율, 응답기업의 비율은 응답한 기업(34개)에 대한 해당 항목 응답의 비율.
자료 : 지만수 외(2004, 57).

로 대기업과의 연계진출 여부를 묻는 설문에 대해서는 응답 업체 269개사 중 25.3%인 74개 업체가 연계진출이라고 응답하였다. 이는 최근 대기업의 중국진출이 늘어나면서 이들 대기업에 납품하는 중소기업의 중국진출이 중요한 대중투자의 동기가 되어 가고 있음을 보여준다.

그러나 모기업이 30대 재벌기업군에 포함된다고 응답한 34개 기업의 경우만을 보면 전체 표본의 투자동기 양상과는 달리 시장지향형 투자동기가 비용절감형 투자동기보다 더 큰 것으로 나타난다. 즉 대기업의 대중투자동기는 비용절감보다는 중국 내수시장을 지향하는 성격이 더 강하다.

즉 대기업의 경우에는 ① 내수시장 진출(45.3%), ② 저렴한 노동력(26.6%), ③ 우회 수출(9.4%), ④ 해외 바이어 요구(6.4%), ⑤ 타 기업과의 연계(4.7%) 등의 순서로 나타난다. 넓은 의미의 비용절감이라그 할 수 있는 '해외 바이어의 요구'나 '싼 토지비용(응답 없음)' 등의 응답을 합하더라도 비용절감형 투자의 비율은 32.9%에 머문다. 대기업의 경우 내수시장 진출이 비용절감보다 더 중요한 중국투자동기

인 것이다.

한편 대기업의 경우에는 동반진출형 투자동기를 묻는 '타 기업과의 연계'에 응답한 경우가 세 건에 불과했다. 즉 내수시장형 투자에 대한 대기업에 관심이 높은 반면, 동반진출형 투자는 주로 중소기업에 해당한다는 점이 확인된다.

2) 투자동기의 변화

한편 투자시기에 따라서 대중투자의 동기가 변화하고 있다. 즉 한국기업의 대중투자는 초기에는 주로 주요 중국의 저렴한 노동력을 활용하는 비용절감형 투자에 집중되었으나 1990년대 중반 이후에는 점차 내수시장지향형 투자가 늘어나고 있다.

김익수는 한국기업의 대중투자 초기에는 저렴한 노동력을 활용한 생산비용 절감을 목적으로 한 경우가 많았다고 볼 수 있으나, 중국 내수시장의 규모가 커지면서 중국시장 공략을 목적으로 한 시장지향형 투자도 늘어나고 있음을 지적하고 있다(김익수 1999, 333). 또한 지만수(2002)의 연구에서도 외환위기를 전후하여 대중투자의 동기가 변화하고 있으며, 시장지향형 투자의 중요성이 커지고 있다는 결론에 도달하고 있다.

이와 같은 한국기업의 대중국진출의 동기 변화는 그동안 각종 설문조사 결과에서 다시 한 번 확인할 수 있다. 즉 대중투자 초기인 1993년의 설문조사에서는 저임금 등 생산효율성 추구가 대중투자의 동기라고 응답한 기업이 시장개척을 동기로 응답한 기업에 비해 훨씬 많았다(한국무역협회 1995, 39). 그러나 1990년 후반부터 이러한 격차가 줄기 시작하더니, 2002년 이루어진 대한상공회의소의 설문조사에서는 노동력과 시장의 중요성에 관한 응답이 거의 대등하게 나타났다. 특히 향후 5년 후의 중국투자 목적에 관해서는 시장의 중요성을 강조한 응답이 2배 이상 더 많았다(대한상공회의소 2002).

<표 4-5> 중국투자의 동기 변화

연구	조사 연도	저임금(비율%)	시장(비율%)	비고
한국무역협회 (1995)	1993	저임금	현지시장이 크고 유망	173개사 설문조사- 제조업
		26.8	18.7	
대한상공회의소 (1997)	1996	상대적 저임금	현지시장개척	182개사 설문조사, 제조업, 복수응답
		56.6	52.6	
대한상공회의소 (1998)	1998	저임 및 저지가 활용	중국 내수시장 개척	246개사 설문조사, 복수응답 가능
		43.2	30.5	
대한상공회의소 (2002)	2002	저렴한 노동력 활용한 비용절감	거대시장 활용한 시장개척	70개사, 진출목적에 관한 질문, 복수 응답
		25.5	25.5	
	2002	14.0	30.0	5년 후 활용 목적
전국경제인연합회 (2004)	2004	생산비절감	중국시장 잠재력	대중투자 700대 기업 중 254개사
		40.8	40.8	
중소기업중앙회 (2006)	2004	저임금 + 노동력	중국시장 개척	
		63.9	24.5	
KOTRA (2004)	2004	중국의 저임 노동력	중국 내수시장 공략	529개사 중 693개 복수응답
		25.8	26.8	
		16.3	34.9	대기업의 경우[16]
지만수 외 (2004)	2004	저임금 + 노동력	내수시장진출	298개 기업 복수응답
		36.2	25.6	
		26.6	45.3	30대 기업집단 소속(34개)
중소기업중앙회 (2006)	2006	인건비 + 노동력[17]	중국시장 개척	89개 업체
		39.8	49.5	

출처 : 제시된 문헌에서 정리.

또한 2004년 이루어진 전경련 조사에서는 '생산비 절감' 목적과 '중국시장 진출' 목적이 대등하게 나타났고 KOTRA의 즈사에서도 '저임금 노동력'과 '내수시장'이 거의 대등하나, 내수시장 진출목적 쪽이 오히려 약간 더 높게 나타났다. 그러나 같은 2004년 이루어진 중소기업중앙회(2006)의 조사결과나, 지만수 외 (2004)에서는 저임금 및 노동력이 내수시장 진출보다 여전히 높게 나타났다. 또

2006년 이루어진 중소기업중앙회(2006)의 조사에서는 '중국시장 개척'이 49.5%인 반면 인건비 및 노동력에 대한 응답은 39.8%에 머물렀다.

특히 대기업의 경우에는 2004년 KOTRA 조사에서 저임금 노동력 활용 목적이 16.3%에 불과했던 반면 내수시장 진출 목적은 그 두 배가 넘는 34.9%로 나타났다. 2004년 지만수 외(2004)에서도 30대 기업집단 소속의 기업의 경우 내수시장 진출 동기가 45.3%에 달한 데 반해, 저임금 및 노동력에 대한 응답은 26.6%에 머물러 유사한 결과를 나타냈다.

즉 여러 설문조사에서 나타나는 한국기업의 대중투자동기는 비용절감, 시장지향, 동반진출 등이 모두 중요하나, 2000년대 들어 시장진출형 투자동기의 중요성이 커지고 있으며 이는 특히 대기업일수록 더 분명하게 나타난다는 것이다.[18]

3) 투자동기의 패러독스 1 : 매출구조의 시간적 변화

대중투자의 동기를 이해하는 또 하나의 접근 방법은 투자기업의 매출구조를 분석하는 것이다. 만일 투자기업이 중국 내수시장 개척을 지향한다면 매출 가운데 당연히 내수시장에 대한 매출의 비율이 클 것이다. 반대로 중국을 비용절감형의 수출기지로 활용하고자 한다면 매출에서 수출이 차지하는 비율이 클 것이다.

---

16 KORTA(2004)의 경우 중소기업/대기업 구분은 중국에 대한 투자규모에 따른 구별이 아니라 모기업의 규모 혹은 설문 기업의 응답에 따른 것임.

17 '인건비 등 비용절감'과 '노동력 확보용이' 등 두 개 응답의 합. 중소기업중앙회(2006)의 경우 진출 동기를 1순위와 2순위 응답으로 조사하였으며, 여기서는 1순위 응답을 기준으로 함.

18 참고로 미국기업의 경우 중국과의 비즈니스의 동기가 다음과 같이 나타난다. 1)중국시장을 향한 제품 및 서비스의 제공 58%, 2) 미국에서 중국시장에 수출 및 판매 14.0%, 3) 미국시장을 위해 중국에서 제품과 서비스를 제조 10.0%, 3) 고객의 중국 영업을 지원 6.0%, 4) 지역거점의 설립 확충 5.0%, 5) 제3국 시장을 대상으로 중국에서 제품과 서비스를 제조 3.0%, 6) 미국 이외의 국가에서 중국시장을 향해 수출 판매 2.0%, 7)제조공정을 저비용 지역으로 이전 2.0%. 2004년 236개사에 대한 조사. American Chamber of Commerce PRC(2004).

〈표 4-6〉 중국 내 한국기업의 판매시장의 변화[19](단위 : %)

조사	무역협회	이창수	무역협회	지만수 외	한국수출입 은행	한국수출입 은행	KOTRA
조사연도	1995	2002	2003	2004	2004	2005	2006
현지판매	27.7	29.3	40.6	38.1	49.4	51.0	47.6
대한국 수출	23.5	20.2	15.8	26.7	14.5	12.6	30.4
제3국 수출	48.9	50.5	43.6	35.2	36.2	36.3	22
조사대상	N.A.	166개사	1,180개사	298개사	463개사	598개사	540개사

출처 : 무역협회(1995) ; 이창수(2002) ; 지만수 외(2004) ; KOTRA(2006) ; 한국수출입은행(2005 ; 2006).

또한 동반 투자한 기업의 경우 중국 내수 매출에서도 관련된 한국기업에 대한 매출의 비율이 높을 것이다.

중국에 투자한 298개 기업을 조사한 지만수 외(2004)에 따르면 중국진출 한국기업은 현지에서 상품을 생산한 후 38.1%는 현지에서 판매하고, 나머지는 61.9%는 수출하는 것으로 나타난다. 수출은 다시 한국으로의 역수출(26.7%)과 세계시장으로의 수출(35.2%)로 나뉜다.

매출구조를 기준으로 평가하면 중국진출 한국기업의 투자동기 가운데서는 중국의 낮은 노동비용을 이용하여 제품을 생산하여 다시 한국 또는 세계시장으로 수출하는 비용절감형 투자가 더 크다고 할 수 있다. 그렇지만 중국 내수시장에 대한 진출 역시 중요한 투자동기다.

그런데 중국에 투자한 한국기업의 매출구조를 조사한 결과가 보여주는 추세를 보면, 대중투자기업의 매출구조에서 중국 내수시장이 차지하는 비율은 1995

---

19 이 중에서 한국수출입은행을 제외한 분석은 기업이 응답한 각 지역에 대한 매출비율을 평균한 각 기업의 지역별 매출비율의 평균이고, 한국수출입은행의 경우는 기업의 각 지역별 매출액에 대한 보고를 집계하여 실제로 조사대상 기업의 각 지역별 매출총액이 전체 매출에서 차지하는 비율을 제시한 것이다. 이러한 집계 방법의 차이 때문에 한국수출입은행 자료를 사용한 경우에 표에 제시된 수치의 의미가 약간 다르다. 여기서는 두 가지 성격의 통계가 대체로 유사한 흐름을 보일 것이라고 가정하고 분석한다.

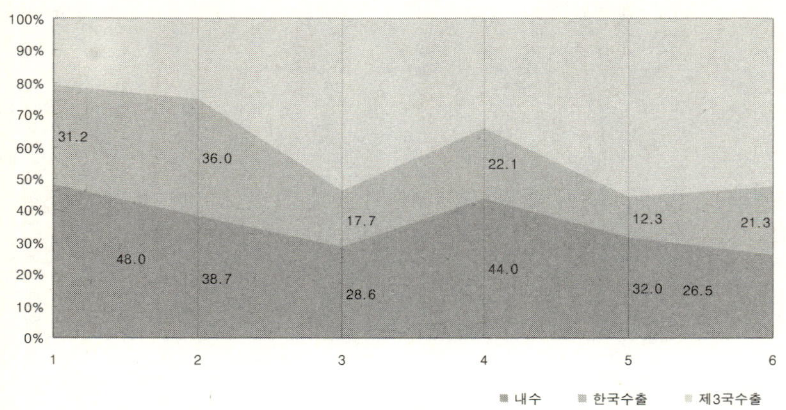

출처 : KIEP 대중투자기업 설문조사, 2004, 298개 기업

년 이후 비교적 일관되게 증가하고 있다.

즉 1995년 무역협회의 조사에서 중국 내 현지판매가 차지하는 비율은 27.7%에 불과하였고, 이는 이창수(2002)까지도 유지되고 있다. 그러나 그 이후 2004년부터 중국 내수시장에 대한 매출비율은 뚜렷하게 증가하여 대체로 50% 수준을 유지하고 있다. 다만 2004년부터 2006년의 최근에는 뚜렷하게 증가하고 있다고 보기는 어렵다. 즉 대체로 50% 수준을 유지하고 있는 것으로 나타난다.

이러한 사실은 2000년대 들어 내수지향형 투자가 증가하였음을 보여주는 것으로 해석된다. 앞서 설문조사에 대한 분석에서 점점 더 많은 기업이 중국 내수시장 진출을 중요한 투자동기라고 응답하고 있음을 확인한 것처럼 매출구조에서 내수시장의 비율이 커지는 현상은 이러한 설문조사의 응답 추세와도 부합한다.

또한 지만수 외(2004)의 원 자료를 사용하여 조업기간별 매출구조를 확인해 보면 대체로 조업기간이 짧은 기업일수록 중국 내수시장 매출비율이 더 크고 진출한 지 오래된 기업일수록 수출시장의 비율이 크다.

92

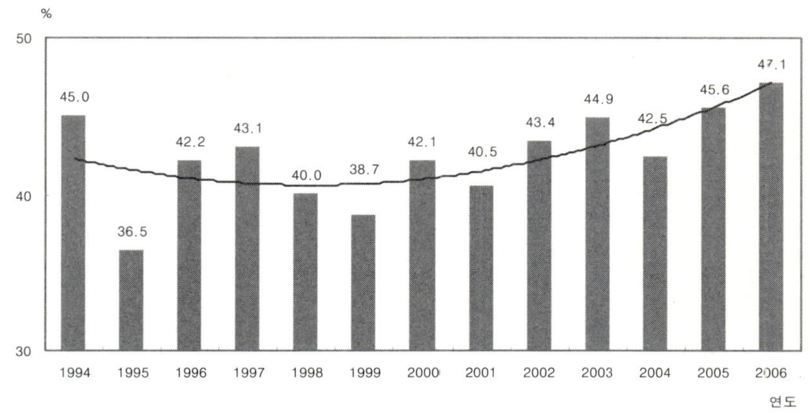

〈그림 4-2〉 외자기업 수출성향의 변화

주 : 외자기업 수출성향 = (외자기업 수출액)/(외자기업의 총산출), 2006년은 총산출 대신 외자기업 영
　　업수익(主營業務收入)을 사용.[20]
출처 :『中國統計年鑑』(각 년도) ;『中國統計摘要』(2007).

　　이러한 현상은 두 가지로 해석할 수 있다. 첫째는 시간이 흐르면서(조업기간이
길어지면서) 개별기업의 매출전략이 내수에서 수출로 변화한다고 해석하는 것이
다. 즉 조업기간이 길어지면서 기업의 전략이 내수시장 보다는 수출시장을 지향
하게 된다고 해석하는 것이다. 그러나 조업기간이 길어질수록 중국의 시장상황에
더 익숙하게 될 것이라는 점을 고려하면 이는 그다지 설득력 있는 해석이 아니다.

　　두 번째는 개별기업의 전략변화가 아니라 진출하는 기업의 (집단적) 성격이
시간이 흐르면서 변했다고 해석하는 것이다. 즉 최근에 진출한 기업일수록 중국

---

20 1995년의 경우 외자기업 수출지수가 36.5%로 비정상적으로 낮은 값을 보인다. 이는 1994~1995년
사이에 공산품 출가가격지수(ex-factory price indices)가 119.5와 114.9에 달할 정도로 물가상승률이
높았기 때문에 위안화로 표시된 총산출액이 과대평가되었기 때문이라고 해석할 수 있다. 그 이후의
시기에는 가격지수가 비교적 안정되었기 때문에 이러한 편이가 적을 것으로 보인다. 다만 1998년
95.9, 2004년은 106.1로 비교적 가격변동이 크며 각각 외자기업 수출지수를 과대, 과소평가하게 될 수
있다. 가격지수 관련 자료는 國家統計局國民經濟綜合統計司(2005, 32).

내수시장 진출을 목적으로 하는 경우가 더 많고 그 결과 조업기간이 짧은(최근에 진출한) 기업에서 내수시장 매출의 비율이 높게 나타난다고 해석하는 것이다. 즉 최근으로 올수록 내수시장지향형 기업이 비용절감형 기업에 비해 더 많이 투자하고 있다는 것이다.[21]

그런데 한국기업의 대중 투자동기의 이러한 시간적 변화는 중국에 대한 외국인투자 전체의 투자동기의 시간적 변화와 일치하지 않는다. 따라서 이를 일반화하기를 어렵다. 즉 한국기업은 설문조사에서나 매출구조의 분석에서 시간이 지날수록 시장지향적 투자동기가 강해지는 것으로 판단되었다.

그러나 1994년 이후 중국에 투자한 외자기업의 생산총액과 외자기업의 수출총액의 비율(외자기업 수출성향)을 살펴보면, 대체로 1999년까지 외자기업 수출성향이 낮아지다가, 2000년 이후에는 다시 증가하는 경향을 보인다.

1994년 외자기업은 생산액 가운데 45%를 수출했으나, 1999년에는 단지 38.7%만을 수출했다. 즉 1990년대의 경우 중국에 투자한 외자기업 전체의 매출구조는 수출시장보다는 중국 내수시장을 지향하는 방향으로 변화하였다. 이는 외자기업의 투자동기가 비용절감형에서 시장지향형으로 변화하고 있었다고도 해석될 수 있는 현상이다.

그러나 2000년 이후 이러한 현상은 역전되었다. 외자기업의 수출성향이 다시 높아진 것이다. 그 결과 2006년 중국에 투자한 외자기업은 생산액의 47.1%를 수출하고 있다. 이는 2000년대 들어 외자기업의 투자동기가 중국 내수 시장지향형에서 수출기지 구축 및 비용절감형으로 다시 변하고 있다고 해석할 수도 있게 만드는 변화이다. 이는 한국기업이 보이는 매출구조의 변화와 상반되는 것이기도 하다.[22]

---

21 김익수(1999), 한국수출입은행(2001), 서봉교(2001), 김주영(2002) 등이 모두 이러한 변화의 필요성을 주장하거나, 이러한 변화를 예상하고 있다.

4) 투자동기의 패러독스 2 : 매출구조의 규모별 차이

한편 대중투자기업의 매출구조(투자동기)의 특징을 기업 규모별로도 확인해 볼 수 있다. 앞 절에서 살펴본 것처럼 KOTRA(2004)나 지만수 외(2004) 등 대기업과 일반기업을 나누어 투자동기를 조사했을 때 대기업으로 분류되면 중국 내수시장 공략을 주요 투자동기로 응답한 경우가 훨씬 많았다.

이러한 규모별 투자동기의 차이가 매출구조에서도 확인된다. 한국수출입은행은 투자규모 1,000만 달러 이상의 현지법인을 대상으로 한 『우리나라의 해외직접투자 현지법인 경영현황 분석』을 1998회계연도부터 2003회계연도까지 발간하였다.[23] 이 자료에서는 특히 중국에 투자한 자본금 1,000만 달러 이상의 대기업의 매출구조를 확인할 수 있다.

이에 따르면 투자규모 1,000만 달러 이상의 대기업의 경우 중국 내수시장 매출비율이 여타 조사에 나타난 한국기업의 평균에 비해서 훨씬 높게 나타났다. 중소기업을 다수 포함하고 있는 지만수 외(2004)의 298개 기업에 대한 2003년 회계연도에 대한 조사에서 내수시장 매출의 비율은 38.1%에 불과했다. 또한 대기업과 중소기업을 모두 포함한 한국무역협회(2003)의 1,180개 기업에 대한 2003년 조사에서도 중국 내수시장 매출의 비율은 40.6% 수준에 머물고 있다. 그러나 투자규모 1,000만 달러 이상 대기업의 2003년 현지 내수시장 매출비율은 56.3%에

---

[22] 다만 한국수출입은행(2006)에 제시된 2003~2005년 3년간 연속해서 경영현황을 보고한 58개사의 매출구조 변화를 보면 내수판매의 비율이 2003년 54.9%에서 2004년 51.8%, 2005년 41.0%로 빠르게 떨어지고 있는 것을 볼 수 있다. 반면 제3국 수출은 2003년 29.2%에서 2004년 34.9%, 2005년 47.5%로 빠르게 늘고 있다. 이들 기업은 대부분 지속적으로 경영현황을 보고해 온 투자규모 1,000만 달러 이상의 기업일 것으로 추정된다. 즉 초대기업의 경우 내수시장지향적 성격이 이들을 제외한 대기업 현지법인에 비해 높으나, 이들의 내수지향적 성격도 특히 2003년 이후에는 빠르게 떨어지고 오히려 수출지향적으로 변하고 있다는 것이다(한국수출입은행 2006, 69).

[23] 2000년에는 3월에 1998회계연도에 대한, 12월에 1999회계연도에 대한 경영현황 분석을 실시하였다. 다만 1998회계연도에 대한 분석에서는 중국에 대해 따로 매출구조를 제시하지 않고 있다. 따라서 1999년부터 2003년까지만 매출구조에 대해 동일한 기준으로 비교할 수 있다.

<표 4-7> 중국 내 투자규모 1,000만 달러 이상 기업의 판매구조 변화 (단위: %)

매출처	1999	2000	2001	2002	2003
현지판매	44.5	46.6	50.0	50.9	56.3
대한국 수출	24.1	24.5	21.5	19.6	18.4
제3국 수출	31.5	28.8	28.5	29.5	25.3
응답기업	57개사	48개사	60개사	66개사	72개사

출처 : 한국수출입은행(1999 ; 2000 ; 2001 ; 2002 ; 2003).

달한다. 즉 중국에 투자한 한국기업의 평균에 비해 투자규모 1,000만 달러 이상 대기업의 내수시장 매출비율이 훨씬 높은 것이다.

한편 시간적으로도 1,000만 달러 이상 투자규모를 가진 대기업의 매출 가운데 내수가 차지하는 비율은 2003년까지 일관되게 증가하고 있다. 즉 1999년 현지매출의 비율이 44.5%였는데, 이후 중국시장 매출의 비율은 매년 일관되게 증가하여 2003년에는 56.3%에 달했다. 반면 한국에 대한 재수출이나 제3국 수출이 차지하는 비율은 꾸준히 줄어드는 추세이다.

이는 앞 절의 각종 설문조사에서 확인한 대기업의 투자동기에 대한 응답을 뒷받침하는 것이다. 즉 투자규모 1,000만 달러 이상 대기업의 경우 중국 내수시장 진출을 지향하는 투자의 비율이 훨씬 높고 시간이 지남에 따라 내수시장 지향적 성격이 더 강해지고 있다고 말할 수 있다.

그러나 대기업의 범위를 넓혀보면 실제로 양상은 좀 더 복잡하다. 한국수출입은행(2006)에서 한국 내 대기업의 현지법인과 중소기업의 현지법인으로 나누어 매출구조를 분석한 결과(각각 223개사, 368개사) 2005년의 경우 오히려 투자자의 기업규모가 작을수록 현지 판매비율이 높았다. 즉 대기업은 49.7%, 중소기업 61.6%, 기타 88.5%를 기록하였다(한국수출입은행 2006, 28~29).

여기서 분류된 대기업의 현지법인은 223개사로 투자규모 1,000만 달러 이상의 기업(2003년 72개사)보다 범위가 더 크다. 즉 투자규모가 1,000만 달러 이상의 기업은 대부분 포함될 것으로 보이지만, 동시에 이 규모에 미치지 못하는 기업도 많이 포함되어 있다.

따라서 대기업 현지법인 가운데 투자규모 1,000만 달러 이상의 기업이 내수시장지향적 성격이 확실히 강하다는 사실을 고려한다면,[24] 이들을 제외한 나머지 대기업 현지법인의 내수시장에 대한 매출비율은 조사에서 나타난 49.7%보다도 더 낮아질 수도 있다.

이상을 종합하여 기업규모별 대중투자의 동기를 분석하면, 투자규모 1,000만 달러 이상의 기업의 경우 시장지향형 투자동기가 상대적으로 강한 반면, 이보다 규모가 작은 대기업 현지법인은 수출지향형(비용절감형) 투자 성향이 가장 강하다. 그 보다 규모가 작을 것으로 예상되는 중소기업 현지법인은 오히려 다시 강한 내수지향적 성격을 보인다. 이들은 한국으로의 재수출 비율도 25.0%로 매우 높다. 반면 제3국 수출비율은 13.5%로 매우 낮다.

한편 한국수출입은행의 설문에도 응답하지 않은 더 많은 중소기업의 경우에는 체계적으로 매출구조에 관한 자료를 구할 수 없으나, 지만수 외(2004)의 설문조사를 결과를 토대로 볼 때 규모가 작을수록 내수 매출 비율이 작은 것으로 나타난다.

결국 투자규모 1,000만 달러 이상 투자규모를 가진 대기업의 경우 상당수가 글로벌 시장에서 독자적인 브랜드를 확립한 기업들로서 중국 내수 시장을 직접 공략하려는 목적을 갖고 있으며 그 결과 내수 매출비율이 높다. 그러나 이들 글로벌 기업들을 제외하고 본다면, 대기업의 투자회사일수록 내수보다는 수출비율이 크다. 대기업들은 중국 투자법인에서 생산한 제품을 글로벌 고객들에게 직접 납품하기 때문이라고 생각된다.

반면 중소기업 중에 비교적 규모가 큰 회사의 투자회사들은 중국내 생산 네트워크에 원자재 부품을 납품하는 경우가 많고 그 결과 이들이 대기업의 투자회

---

[24] 이들의 내수시장 비중은 2003년에 이미 56.3%를 기록하고 있다.

사들보다 중국 내수시장 진출이 더 크게 나타난다.[25]

그렇지만 한국수출입은행에 보고하지 않는 대부분의 중소기업들의 경우에는 대체로 규모가 작아질수록 내수시장보다는 수출시장에 주력하는 경향이 나타난다. 이들의 규모가 작아질수록 중국을 비용절감을 위한 수출기지로 삼는 경우가 많을 것이기 때문이다.

5) 동반진출과 매출구조

한편 동반진출 투자동기에 관해서는 매출입 구조의 변화에서 그 동향을 파악하기가 어렵다. 그런데 한국수출입은행은 중국에 투자한 기업의 매출 가운데 관계회사에 대한 매출을 집계하고 있다. 동반진출은 동일 기업집단에 속하는 등의 관계회사와의 동반진출과 그러한 소유권적인 관련이 없는 비(非)관계회사와의 동반진출을 모두 포함한다. 따라서 관계회사에 대한 매출이 동반투자의 동기를 정확히 반영하는 지표라고는 할 수 없다. 그러나 현지에서 관계회사에 대한 매출변화를 동반진출 동기의 대중투자를 반영하는 근사치로 사용할 수는 있다.

이에 따르면 제조업 중국투자기업의 매출 가운데 중국 내 관계회사에 대한 매출이 전체 매출에서 차지하는 비율은 2003년 9.9%에서 2005년 14.4%까지 증가하고 있다. 즉 매출구조를 놓고 보면 중국 내 관계회사에 대한 판매를 위해 중국에 투자하는 비율이 커지고 있는 것이다. 이를 동반진출 동기에 의한 투자가 늘어나고 있는 것으로 해석할 수 있다.

흥미로운 것은 제조업 대중투자기업의 매출 가운데 한국 내 관계회사에 대한

98

판매가 차지하는 비율은 2003년 20.0%에서 2004년 13.8%, 2005년 13.4%로 줄었다는 점이다. 관계회사로부터 중국에서 생산한 제품을 수입하는 것은 전형적인 비용절감형 투자이다. 따라서 그 비율이 감소하고 있는 것은 한국으로의 즉 한국 내 관계회사에 대한 매출비율이 줄고 있는 것은 비용절감형 투자동기가 약화되고 있다는 하나의 증거라고도 해석할 수 있다.

6) 투자동기의 변화

각종 설문조사의 결과나 매출구조의 분석으로부터 한국기업의 대중투자동기를 분석한 결과, 첫째, 중국에 투자한 기업에 대한 각종 설문조사들에 따르면 비용절감형 투자동기가 여전히 가장 중요한 가운데 시장지향형 투자 및 동반진출 투자가 그 뒤를 잇고 있다. 특히 중국 내수시장 진출에 대한 관심이 커지고 있으며 이는 대기업에서 더 뚜렷하게 나타났다.

둘째, 매출구조에 관한 자료를 이용해서 중국에 투자한 기업의 실제 판매행태를 분석했을 때도 중국 내수시장에 대한 판매비율이 커지고 있었다. 이는 설문조사에 나타난 중국 내수시장에 대한 관심의 증가를 뒷받침하는 것이다. 그러나 이러한 추세는 중국에 투자한 세계 각국 기업들의 매출구조 변화 방향과는 일치하지 않는다. 즉 중국에 투자한 외자기업의 대출구조를 확인해보면, 한국기업과는 달리 2000년대 이후 내수시장보다 수출시장의 비율이 오히려 더 늘어나고 있다.

셋째, 한편 기업 규모별로 볼 때, 대기업일수록 내수시장에 대한 매출비율이 클 것이라는 예상은 투자규모가 1,000만 달러 이상인 소수(2003년 72개) 대기업에 대해서는 사실로 나타났다. 그러나 대기업이 투자한 현지법인들이 중소기업이 투자한 현지법인들에 내수시장 매출비율이 더 낮게 나타나는 등 지금까지의 예상과는 달리 투자동기를 기업규모에 따라 일반화하기는 어려웠다.

넷째, 제조업 기업의 중국 내 매출 중에서 관계회사에 대한 매출비율이 높아

〈표 4-8〉 관계회사에 대한 매출의 변화(제조업) (단위 : %)

연도	중국 내 관계회사에 대한 매출비율	한국 내 관계회사에 대한 매출비율	표본 수
2003	9.9	20.0	72개사 중 제조업
2004	12.2	13.8	463개사 중 제조업
2005	14.4	13.4	598개사 중 제조업

출처 : 한국수출입은행(2004 ; 2005 ; 2006)에서 작성.

지고 있었다. 이는 동반진출 동기에 의한 투자가 늘고 있음을 보여주는 것이다.

여기서 우리가 한 가지 주목해야 할 사실은 비록 중국에 대한 투자동기가 비용절감형과 시장추구형으로 크게 대별된다고 하더라도 이 두 가지 투자동기를 완전히 서로 분리하여 설명할 수 있는 것은 아니라는 것이다. 예를 들어 중국의 저임금을 활용한 생산비용 절감으로 세계시장에서의 가격경쟁력을 높이려고 중국에 진출했던 기업이 WTO 가입과 함께 수출의무 조항 등 중국 내수시장 진출에 대한 제한이 풀리고 중국시장의 규모가 커지면서 내수시장 공략에 더 많은 관심을 가질 수 있다.

반면에 중국 내수시장 진출을 주목적으로 중국에 진출한 기업도 중국 공장의 생산 규모가 커지고 중국의 부품조달 여건 등이 개선되면서 중국을 전 세계시장에 대한 수출기지로 적극적으로 활용하고자 하는 변화도 나타날 수 있다. 수출경쟁력에 영향을 끼치는 환율의 추이도 이러한 사업 변화를 이끌어내는 중요한 변수가 된다.

또 전자, 자동차 산업 등에서 대규모 조립업체들이 중국에 진출하고 있다. 그런데 이들은 중국시장 및 세계시장에서의 경쟁력을 확보하기 위해 부품조달의 단가를 중국업체 수준으로 낮추고자 한다. 그 결과 이들은 중국 내에서의 조달을 늘리거나 기존의 협력업체의 동반진출을 유도한다. 이에 따라 생산재 분야의 중소기업의 경우 이들 중국내 조립업체들에 대한 납품이 늘어나게 된다. 이는 중국 내 매출의 증가로 나타난다.

이렇게 중국 내 한국 대기업 및 다국적 기업에 납품하기 위한 부품업체가 중국에 투자하는 경우 지금까지 논의된 모든 투자동기를 모두 포함하고 있다고 볼 수 있다. 즉 동반진출, 생산비용절감, 중국 내수시장 진출이 사실상 하나로 결합되어 있는 것이다.

3. 투자동기의 결정요인 분석[26]

여기서는 경제위기 이전과 이후에 한국기업의 대중투자 전략에 변화가 있었는지를 보다 분명히 확인하기 위해 경제위기를 전후한 시기에 한국기업의 중국 각 성(省)별 투자결정요인(determinants)을 계량적으로 분석하여 비교하였다.

중국은 투자환경과 성격이 다르고 규모가 큰 31개의 성으로 구성되어 있어서 계량적 분석에 필요한 다수의 관측치를 얻을 수 있으며 특히 다년간의 자료(panel data)를 사용함으로써 분석의 신뢰성을 높일 수 있다.

한국기업의 대중투자결정요인에 관해 분석한 최신의 연구로는 Kim & Lee(2002) 등이 있다. 이는 1993~1997년까지의 자료를 이용하여 대기업과 중소기업의 투자결정요인을 비교한 것이다. 김익수와 한병섭(1998)도 1995년까지의 자료를 사용하여 투자결정요인을 분석한 바 있다(김익수 1999, 259).[27] 그러나 이들 연

---

26 본 절의 내용은 지만수(2002) 제4장의 내용을 주로 참고한 것이다.
27 그 밖에 성별 자료를 활용한 투자결정요인에 대한 해외의 연구로는, 우선 Fung et al.(1999)은 미국과 일본의 대중투자결정요인을 비교 분석하였는데, 미국 기업의 경우 해당 지역의 임금수준은 별로 유의미한 고려 대상이 되지 않고 있음을 보였다. Cheng and Kwan(2000)은 임금, 일인당 GDP, 도로율, 특구 및 경제기술개발구 등이 투자결정의 유의한 변수임을 보이고 있다. 그러나 어느 것도 투자결정요인의 시기적 변화를 분석하고 있지는 않다. 그 밖에도 성별 자료를 활용해 직접투자가 경제성장에 준 효과를 추정하는 다수의 연구가 있다.

<표 4-9> 독립변수 및 설명

변수	설명	단위	비고	기대
소득(lng)	각 성 GDP	억 위앤(로그)	전(前) 연도 값(t-1)	+
임금(lnw)	제조업 연평균임금	위앤(로그)	전(前) 연도 값(t-1)	−
양질 노동력(q)	피고용자 중 고졸 이상 비율	%	93~96년 값 동일	+
인프라(rd)	면적당 등급 이상 도로	km/km²	전(前) 연도 값(t-1)	+
정책(sz)	각종 개발구 개수	개	2002년 값을 사용	+
대중투자(fdic)	당년도 대중투자 총액	천 달러(로그)	당 연도 값	

구는 각각 1995년, 1997년까지만의 자료를 사용하고 있고, 투자결정요인 자체를 식별하는 데 초점을 맞추고 있다. 그러나 앞에서 살펴본 바와 같이 경제위기를 경계로 한국의 대중투자에서 그 이전까지 나타나던 추세가 대부분 반전되는 양상을 보이고 있다. 따라서 보다 경제위기 이후에 나타난 변화를 측정해 볼 필요가 있다.

여기서는 분석의 대상 시기를 2002년까지로 확장하고, 경제위기로 인해 한국의 대중투자가 큰 부침을 겪었던 1998년, 1999년을 경계로 두 시기로 나누어 투자결정 요인을 분석하고 그 결과를 비교하고자 한다. 이때 결정요인 자체와 함께 그 변화에 주목하고자 한다.

1) 자료와 변수

대부분의 기존 연구에서 중국에 대한 직접투자의 성별 입지 결정요인으로 시장의 규모, 임금수준, 인력의 질, 인프라, 정부정책 등을 거론하고 있다. 이는 동시에 기업의 투자환경을 구성하는 요소이기도 하다.

첫째, 시장을 보면, 중국은 국토 면적이 큰 반면 교통 및 물류환경은 뒤떨어져 있고 유통부문에 대한 외국기업의 접근도 제한되어 있다. 때문에 일개 외자기업의 입장에서는 중국 전체 시장을 공략대상으로 하기보다는 투자한 지역(성)의 시장규모를 고려하여 타깃 시장 주변에 투자입지를 결정하게 된다. 이때 각 지역의

〈그림 4-3〉 변수와 추정의 체계

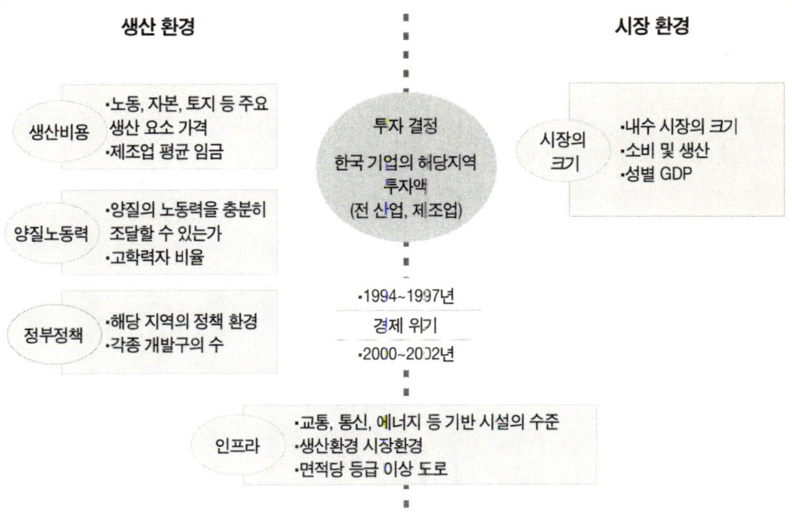

시장규모를 잘 대표하는 변수는 그 지역의 GDP라고 할 수 있다. 따라서 여기서도 해당지역의 매년 경상 GDP를 시장규모를 나타내는 변수로 사용하였다.

둘째, 중국에 비용절감형 투자를 하는 기업이 가장 중시하는 것은 저렴한 양질의 노동력이 존재하느냐이다. 특히 중국에서 임가공을 한 후 해외시장에 수출하는 가공산업의 경우에는 임금이 가격경쟁력을 구성하는 가장 중요한 요소이다. 이와 함께 해당 지역에서 양질의 노동력을 조달할 수 있느냐도 중요한 투자결정요인이 된다고 할 수 있다. 여기서는 인건비를 반영하는 변수로서 성별 제조업 연평균임금을, 양질 노동력의 양을 반영하는 변수로서 성별 피고용자 중·고등학교 졸업 이상 학력자의 비율을 사용하였다.[28]

---

28 1993~1995년 피고용자 학력 자료는 해당 자료를 구할 수 없어 1996년의 수치를 사용하였다.

셋째, 원활한 생산이 이루어지려면 교통, 전력, 통신, 용수 등 기본설비가 충분히 갖추어져 있느냐가 매우 중요하다. 실제로 초기 중국에 투자하는 기업은 이러한 기본설비의 미비를 투자의 중요한 애로점으로 호소하였다. 그렇지만 1990년대 들어서는 대부분의 지역에서 전력, 통신, 용수 등 생산과 관련한 기초 인프라 문제가 해결된 것으로 알려지고 있다.

한편 내수시장 개척이라는 측면에서도, 해당 지역의 교통 및 물류 인프라의 수준은 중요한 고려사항이 된다. 여기서는 인프라 수준이 생산의 기본조건으로서뿐 아니라, 내수시장 개척을 위한 원활한 물류의 조건으로써 중요하다고 보고, 이 두 측면을 모두 반영한다고 보이는 단위면적당 (등급 이상)도로의 비율을 해당 지역의 인프라 수준을 반영하는 지표로 사용하였다.

넷째로, 중국은 여전히 끊임없는 제도개혁의 와중에 있는 나라로, 개혁개방 이후 연해지역부터 점차적인 투자개방이 이루어졌다. 때문에 지방마다 외국인 투자에 대한 정책적 환경이 상당히 차이가 있다고 알려져 있다. 더욱이 중국은 각 지방(성)정부의 자율성이 비교적 높은 편이다. 때문에 기업은 각 지역의 정책환경의 차이를 투자결정에 반영할 가능성이 높다. 특히 중국은 각 지역에 경제특구, 개발구 등 지역을 지정해 여기에 투자하는 외자기업에게 조세 등 여러 면에서 혜택을 주고 있다. 여기서는 각 성의 주요 개발구 수를 지역간 정책환경의 차이를 반영하는 지표로 사용하였다.[29]

마지막으로 다년간의 자료가 포함된 데이터인데 매년 한국의 대중투자규모가 크게 변하고 있기 때문에 한국의 대중투자 총액을 통제변수로 추가하였다.

투자결정요인을 분석하기 위해 사용한 독립변수를 정리하면 다음과 같다.[30]

---

[29] 여기서는 중앙정부가 인가한 51곳의 경제기술개발구, 52개소의 첨단산업개발구, 15곳의 보세구, 15곳의 수출가공구의 성별 분포를 연도 구별 없이 사용하였다. 각 개발구에 대해서는 KOTRA(2002)에 제시된 자료를 이용하였다.

[30] 이상은 Cheng & Kwan(2000), Kim and Lee(2002), Fung et al.(1999), 김익수 한병섭(1998) 등에

종속변수인 각 성별 투자액은 한국수출입은행 해외투자통계정보를 이용하여 1994년부터 2002년까지의[31] 실행기준 전산업 총투자액을 로그를 취하여 사용하였다. 또 한국의 대중투자가 대부분 제조업에 집중되어 있음을 고려하여 제조업 직접투자액에 대해서도 추정을 실시하였다.

한국수출입은행의 해외투자통계정보는 총 26개의 성에 대한 한국의 1992년~2002년 동안의 상세한 직접투자 자료를 담고 있다.[32]

2) 분석 방법

추정은 위 설명변수에 OLS 추정[33]과 함께 패널 자료인 경우에 사용할 수 있는 아래와 같은 확률변경함수[34] 추정식에 대한 랜덤 효과(random effect) 모형에 의한 추정을 실시하였다.

$$Y_{it} = \alpha + X'_{it}\,\beta + v_{it} - u_i$$

서 사용한 변수와 대체로 일치하는 것이다. 그 밖에 지리적 거리(gravity), 재중교포의 분포 등을 설명변수로 고려할 수 있으나, 중국의 경우 우리와 가까운 연해 지역을 중심으로 경제성장이 이루어지고 있어 거리 변수가 거의 모든 설명변수와 높은 상관관계를 보일 것으로 예상되고, 재중교포의 분포는 동북 3성의 더미변수 등이 의미 있는 결과를 보여주지 않았다.

[31] 2002년의 경우 한국수출입은행 해외투자통계정보에서는 2002년 8월까지의 통계만을 제시하고 있는데, 여기에 12/8을 곱하여 가상의 2002년 투자액을 계산하여 사용하였다. 또 각 성별로 투자가 없는 해의 경우에는 로그 변환 과정에서 패널 분석을 위한 관측치를 잃지 않기 위하여 일률적으로 "1"(천 달러)을 부여하였다.

[32] 이 자료에서는 중국의 5개 자치구를 통합하여 "자치구"라는 항목으로 집계하고 있다. 이들 자치구는 대부분 서북지역에 위치하고 있고, 한국기업의 투자액수도 매우 작다. 분석에서는 이 "자치구"에 대한 투자의 독립변수로 그중 가장 규모가 큰 신강성의 자료를 사용하였다.

[33] OLS에 의한 추정은 패널 자료라는 성격을 고려하지 않았으며, 랜덤 효과 모형 추정결과에 대한 참고 자료로서만 의미가 있다.

[34] 확률적 변경함수 개념에 대해서는 Aigner et al.(1977), Forsund(1980), Schmidt and Sickles(1984) 등을 참고할 수 있다.

$$u_i > 0, \sim iid, \text{ i} = 1, \ldots, \text{N}, \text{t} = 1, \ldots, \text{T}$$

여기서 u_i는 문화적 요소나 거리 등 설명변수에 포함되지 않은 관측되지 않는 개별 효과(unobservable individual effect, province specific effect)를 의미한다. v_{it}는 잔여의 교란항으로 i와 t에 따라 변하는 통상의 교란항이다.

위 식은 보통 상수항과 개별효과를 통합하여($\alpha - u_i = \alpha_i$) 다음과 같이 변형된다.

$$Y_{it} = \alpha_i + X^{/}_{it} \beta + v_{it}$$

여기서 α_i에 대해 어떤 가정을 하고 추정하느냐에 따라 고정효과 모형(fixed effect model)과 랜덤 효과 모형으로 나누어지는데, 여기서는 α_i가 고정된 값을 갖는 것이 아니라 특정한 확률분포를 따르고, 독립변수와 상관관계가 없다고 가정하고, α_i에 대한 특별한 분포가정은 하지 않은 채 GLS 추정을 하는 랜덤 효과 모형을 채택하였다. 이 방법은 고정효과 모형이 다룰 수 없었던 시간불변(time invariant)의 독립변수가 있는 경우에도 사용할 수 있다는 장점이 있다.[35]

또한 연구의 목표가 한국기업의 대중투자결정요인의 변화가 있었는가를 확인하는 것이기 때문에, 한국이 경제위기를 겪은 1998, 1999년을 경계로 그 이전 시기인 1994~1997년 4년간과 경제위기에서 어느 정도 회복된 2000~2002년 3년에 대해 각각 투자결정요인을 추정하여 이를 비교하였다.

---

[35] 본 연구에서는 개발구 수를 나타내는 변수 sz 등이 시간불변 변수이다. Fung et al.(1999)에서도 랜덤 효과 모형을 사용하였다.

3) 결정요인 변화와 그 의미

1994~1997년 자료를 이용한 전체 대중투자 및 제조업 대중투자에 대한 결정
요인 추정결과는 〈표 4-10〉과 같다. 2000~2002년 자료를 이용한 전체 대중투자
및 제조업 대중투자에 대한 결정요인 추정결과는 〈표 4-11〉과 같다.

추정결과는 OLS추정과 랜덤 효과 모형[36]에 대한 추정이 대체로 일치하는 결
과를 보여주었다. 또 계수의 부호도 원래 기대했던 것과 대체로 일치한다. 그런
데 이 두 시기의 투자결정요인에 대한 추정결과를 서로 비교해 보면 몇 가지 점에
서 두 시기 사이에 한국기업의 대중투자결정요인에 중요한 변화가 있었음을 확
인할 수 있다.

첫째, 1994~1997년 자료에 대한 추정(이하 추정 a)에서는 전산업과 제조업 공
히 임금수준의 계수에 대한 추정치는 기대한 대로 음(-)의 값으로 매우 유의한
결과를 보여 주었다. 즉 당시 한국의 대중투자입지 결정에서 저렴한 임금이 중요
한 유인으로 작용하였음을 확인시켜 주었다. 그러나 2000년 이후의 자료(이하 추
정 b)에서는 전산업과 제조업 모두에서 더 이상 유의하지 않았다. 이는 경제위기
이후의 대중투자입지 결정에서 저렴한 임금의 중요성이 크게 떨어지고 있음을
보여준다.

둘째, 소득수준에 대한 계수는 추정 a, b 모두에서 모두 유의하게 나타났다.
즉 2000년 이후에도 해당 지역 시장의 규모는 여전히 매우 중요한 투자결정요인
으로 작용하고 있음을 보여준다.

셋째, 양질의 노동력의 존재를 나타내는 고졸 이상자의 비율에 대한 계수의
유의성은 추정 a, b 모두에서 높게 나타나고 있으나, 제조업의 경우 2000년 이후

---

36 랜덤 효과 모형에서 교란항(과 개별효과)에 대한 확률분포 가정의 적합도를 나타내는 하우스만 테
일러Hausman Tayler의 m 값이 모두 교란항과 독립변수 간의 무상관을 가정하는 귀무가설을 기각하
지 못하였다.

<표 4-10> 1994~1997년 투자결정요인 추정결과

	전체 대중투자		제조업 대중투자	
	OLS	Panel(Random Effect Model)	OLS	Panel(Random Effect Model)
소득	1.76*** (4.28)	1.75*** (3.03)	1.41*** (3.07)	1.49** (2.17)
임금	-3.72*** (-3.57)	-3.11*** (-3.01)	-3.88*** (-3.33)	-2.73** (-2.47)
양질의 노동력	0.22*** (6.40)	0.22*** (3.95)	0.21*** (5.30)	0.20*** (2.97)
인프라	-0.00 (-0.17)	-0.00 (-0.19)	0.01 (0.40)	0.00 (0.12)
정책	0.37*** (4.39)	0.35*** (2.96)	0.46*** (4.89)	0.42*** (2.92)
대중투자	1.50 (0.62)	0.91 (0.50)	-0.28 (-0.11)	-1.48 (-0.87)
상수	0.03 (0.00)	-48.15 (0.67)	26.81 (0.82)	-314.27*** (-4.14)
	Adj R-sq 0.6022	R-sq 0.38	Adj R-sq 0.5674	R-sq 0.32
	F값 26.98	m값 2.61	F값 23.51	m값 2.34
	Pr〈.0001	Pr.〈0.62	Pr〈.0001	Pr〈 0.67

주 : *, **, ***는 각각 10%, 5%, 1% 유의 수준에서 유의한 추정치

<표 4-11> 2000~2002년 투자결정요인 추정결과

	전체 대중투자		제조업 대중투자	
	OLS	Panel(Random Effect Model)	OLS	Panel(Random Effect Model)
소득	2.37*** (5.23)	2.35*** (4.90)	1.57*** (2.71)	1.59** (2.04)
임금	-1.53 (-1.25)	-1.52 (-1.20)	-2.22 (-1.40)	-2.07 (-1.21)
양질의 노동력	0.18*** (4.22)	0.17*** (3.98)	0.10* (1.95)	0.09 (1.54)
인프라	-0.00 (-0.16)	-0.00 (-0.11)	0.05** (2.12)	0.05* (1.75)
정책	0.11 (1.13)	0.10 (1.06)	0.29** (2.35)	0.28* (1.73)
대중투자	3.57 (0.65)	3.54 (0.67)	24.27*** (3.41)	24.22*** (4.41)
상수	-48.47 (-0.65)	-48.15 (0.67)	-313.58*** (-3.26)	-314.27*** (-4.14)
	Adj R-sq 0.5543	R-sq 0.55	Adj R-sq 0.5272	R-sq 0.47
	F값 16.96	m값 0.58	F값 15.31	m값 0.30
	Pr〈.0001	Pr.〈0.98	Pr〈.0001	Pr〈 0.99

주 : *, **, ***는 각각 10%, 5%, 1% 유의 수준에서 유의한 추정치.

그 유의성이 약간 떨어지고 있다. 이는 전반적으로 교육수준이 향상되었고 인력 이동의 유연성도 커졌기 때문에, 일반 제조업 노동자 수준의 인력공급은 모든 지역에서 원활히 이루어지고 있음을 보여준다고 해석할 수 있다.

넷째, 각 성의 인프라 수준 및 원활한 물류환경을 표현한다고 볼 수 있는 단위 면적당 (등급) 도로율은 추정 a에서는 유의하지 않았으나,[37] 추정 b의 제조업에 대해서는 유의하게 나타났다. 이는 제조업 투자가 내수시장을 좀더 고려하게 되면서 물류 여건이 점차 중요한 변수로 등장하기 시작한 것이라고 해석할 수 있다.

다섯째, 각 성의 정책환경을 표현하는 개발구의 수에 대한 추정계수는 추정 a에서는 전산업과 제조업 모두에서 높게 나타났으나 추정 b에서는 제조업에서만 유의하게 나타났다. 이는 중국의 정책환경이 전반적으로 개선되면서, 비록 경제기술개발구 등으로의 입주가 상대적으로 중요한 제조업에서는 개발구 등을 통한 투자유치가 아직까지는 효과를 발휘하고 있으나 여타 산업에서는 그 중요성이 떨어지고 있음을 보여주는 것이라고 해석할 수 있다.

이러한 추정결과 가운데 대중투자의 결정요인으로서 저임금의 중요성이 낮아지고 있다는 발견은 특히 비용절감형 투자에서 내수지향형 투자로 대중투자 전략이 전환되어야 한다는 최근의 지적들과 관련하여 중요한 의의를 갖는 변화이다. 즉 경제위기 직후의 대중투자 침체기를 경계로 하여 한국기업의 대중투자 전략에는 변화가 일어나기 시작했으며, 그것이 투자결정요인으로서 임금의 중요성을 떨어뜨리는 분석 결과로 나타난 것이라고 보인다.

---

[37] 이는 양(+)의 상관을 기대한 원래의 예상과는 약간 다른 결과이다. 그러나 도로율 변수는 GDP, 임금수준, 양질 노동력 변수와의 상관계수가 매우 높게 나타나고 있어(각각 0.40, 0.53, 0.37) 추정에서 그 효과가 상쇄되었기 때문이라고 생각된다.

<그림 4-4> 추정결과의 요약

임금의 설명력 저하	• 저렴한 임금이 투자 입지 결정에서 갖는 중요성 감소 • 한국 기업의 중국 투자 전략이 변화하고 있음을 시사 • 투자 어종의 고도화와도 관련
소득 수준의 설명력은 유지	• 각 지역의 시장 규모는 여전히 입지 결정의 중요 고려 사항 • 위 임금의 설명력 저하와 결합하여, 내수 지향형 투자가 늘어나고 있음을 시사
양질의 노동력 중요성 유지	• 투자 업종의 고도화와 관련(단순 제조업 탈피) • 중국의 전반적 교육 수준 향상으로 제조업 등에서는 지역적 차이가 점차 사라지고 있음
제조업에서 인프라의 중요성 증대	• 인프라는 생산환경임과 동시에 시장환경임 • 제조업의 내수 지향성이 강화됨에 따라 원활한 물류를 투자입지를 선정에서 고려
개발구의 중요성 점차 저하	• 중국의 전반적 투자 환경 개선으로 개발구 등 특정 지역의 상대적 우위가 점차 소멸(특히 비제조업) • 그러나 제조업에서는 아직도 중요한 고려 사항

4) 분석결과의 해석

한국의 대중투자는 경제위기 직후의 침체기를 거쳐 최근 다시 늘어나고 있다. 그런데 중국의 투자환경이 급변하면서 각국의 중국에 대한 직접투자는 과거 중국의 저임금을 활용하는 투자에서 점차 중국 내수시장도 중시하는 방향으로 변화하고 있다. 비용절감뿐 아니라 시장지향도 중요한 투자동기가 되고 있는 것이다.

본고에서는 한국기업의 대중투자에서도 이러한 투자전략의 변화가 관찰되는지를 검토하였다. 그런데 최근의 한국의 대중투자에서는 중국의 저렴한 노동력을 활용하는 비용절감형 투자 일변도에서 탈피하는 조짐이 나타나고 있다. 이는 제조업 투자의 구성 변화, 대기업의 투자규모 증가, 투자지역의 다변화 등에서 일부 감지된다.

이러한 변화를 더 엄밀하게 확인해보기 위해 본 연구에서는 한국의 중국 성별 투자통계를 이용해 경제위기 이전과 이후 한국의 대중투자결정 요인을 추정하고 이를 비교하는 계량 분석을 실시했는데, 그 결과 2000년 이후 한국의 대중투자에서는 저임금은 더 이상 중요한 결정요인이 아니라는 사실을 발견하였다. 반면 해당 지역의 소득수준과 시장규모는 중요한 결정요인의 하나로 유지되었다.

한국기업의 대중투자의 성격은 경제위기를 경계로 하여 변화하고 있으며, 그러한 변화는 시장으로서의 매력이 날로 커가는 중국의 변화에 대체로 부응하는 것이라고 할 수 있다.[38]

4. 투자환경의 변화와 투자동기[39]

1) 비용절감형 투자의 한계 : 임금비용의 증가

2003년 중국 근로자의 월평균임금은 1,170위안(약 141달러)으로 한국 근로자의 월평균임금 165만원(약 1,571달러)의 약 1/11(9.0%)에 불과하다. 중국의 저임금이 주는 투자매력은 아직도 상당하다고 볼 수 있다. 그러나 외국인투자가 집중된 연해대도시 지역의 외자기업의 평균임금은 이보다 훨씬 높고, 최근 임금이 빠르게 상승하고 있으며, 추가적인 인건비 부담이 크다는 점을 기업이 간과하는 경향이 있다. 향후 저임금 활용을 위해 중국에 투자하는 기업은 이 점을 유의해야 할

---

[38] 그러나 앞 절에서 본 것처럼, 각국 대중투자기업의 매출 중에서 수출시장이 점하는 비율이 2000년대 들어 오히려 더 커지고 있다. 본 분석결과는 2002년 중국의 WTO 가입 이후의 투자환경의 변화를 충분히 반영한다고 볼 수 없으며, 관련된 추가 연구가 필요하다.
[39] 본 절의 내용은 지만수 외 (2004) 제3장 제4절의 내용을 기초로 작성한 것이다.

〈그림 4-5〉 중국의 근로자 평균임금 상승률

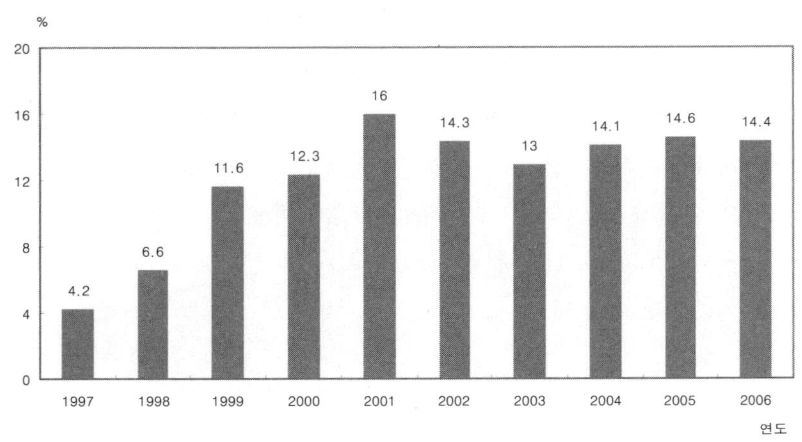

출처 :『中國統計摘要』(2007).

것이다.

　　외자기업 근로자의 월평균임금은 1,614위안(약 174달러)로 평균에 비해 38% 정도 높다. 또한 베이징이나 상하이지역은 전국평균의 2배에 가까운 임금수준을 보이고 있다. 베이징 지역의 외자기업 월평균임금은 3,721위안(약 362달러)으로 한국 평균임금의 23% 수준에 이른다. 또한 최근 외자기업의 투자가 집중되는 연해지역을 중심으로 임금상승 속도가 매우 빠르다. 1999년 이후 중국의 근로자 평균임금은 매년 10% 이상의 속도로 빠르게 상승하였다. 2006년 평균임금 상승률은 14.4%에 달한다.[40] 또한 임금 외에도 양로보험, 의료보험, 실업보험 등 추가적인 인건비가 임금의 30~40%에 달하고 있다.

　　이러한 현상은 설문조사를 통해서도 확인된다.

---

40 이상『中國統計摘要』(2004), 통계청 kosis.nso.go.kr 참고.

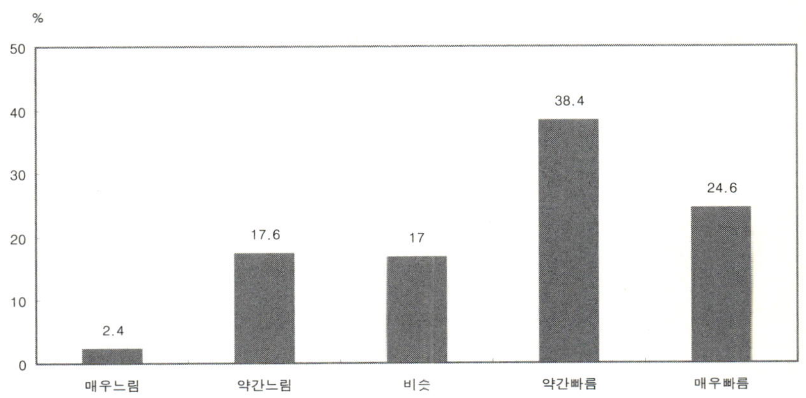

〈그림 4-6〉 응답업체의 임금상승 속도

조사업체(응답자 수 : 277~282개사)의 직종별 평균 월급여를 보면 사무관리직 1,672위안(약 268,000원),[41] 숙련공 1,384위안(약 221,000원), 비숙련공 797위안(약 128,000원)으로 나타났다. 한국대비 임금수준은 사무관리직은 약 16%, 숙련공·비숙련공직은 약 13%로 나타났다.[42]

그런데 문제는 최근 중국의 임금상승 속도가 매우 빠르며, 임금 외의 추가적인 인건비 부담이 매우 크다는 데 있다. 첫째, 한국과 비교할 때 중국 현지의 임금상승속도를 어떻게 느끼는지의 설문에 대해 유효응답자 289개사의 반응은 63.0%가 빠르다고 느끼고 있었다. 반면 느리다고 느끼는 경우는 20.0%로 나타났다.

둘째, 중국기업은 일반적으로 기본급 이외에 다양한 사회성보험과 수당보

---

41 2003년을 기준으로 1위안 : 160원의 환율을 적용.
42 그렇지만 현지채용 생산직노동자의 노동생산성을 평가할 때, 한국수준에 비해 낮다고 평가한 업체수의 비율이 전체(유효응답자 287개사)의 79.1%로 나타났다. 반면에 현지 노동생산성이 한국수준보다 높다고 본 업체수의 비율은 9.0%에 불과하였다.

<표 4-12> 응답업체의 직종별 월평균 급여수준

직종	평균임금(위안)	유효응답	한국대비 수준(%)	유효응답
사무관리	1,672.2		16.1	
숙련공	1,383.8	277~282개사	13.4	222~233개사
비숙련공	796.5		12.9	

주 : 5% 절삭평균을 적용.

조금을 부담하며, 외자기업 또한 기본급 외의 임금부담 비율이 적지 않은 것으로 알려져 있다.[43] 이번 조사에서 기본급을 제외한 각종 사회성보험, 수당보조금의 기본급 대비 비율을 확인한 결과, 유효응답자 270개사에서 평균 42.1%로 나타났다. 유효 응답업체 278개사 중 종업원용 사회보험을 부담하는 것으로 확인된 업체의 비율을 보험종류별로 보면 양로보험 87%, 실업보험 66%, 의료보험 67%, 공상보험 66%, 생육보험 27%, 주택보조금 27% 등으로 나타났다.

이러한 변수 때문에 중국의 저임금활용이 중요한 투자동기였던 기업의 상당수가 처음 예상보다 큰 인건비 부담을 느끼고 있다. 즉 유효응답자 289개사 중 55.4%인 160개 업체에서 실제발생 임금에 비해 당초 예상임금이 과소평가된 것으로 응답하였다. 또한 유효응답자 261개사 가운데 임금관리상의 주요 애로사항으로 ① 과다한 사회성보험(전체 응답자의 56%), ② 높은 임금상승률(49%), ③ 업체 간 임금인상 경쟁(26%), ④ 예상임금의 과소평가(19%), ⑤ 업계 임금수준을 감안해야 하는 부담(17%), ⑥ 과다한 준조세성 인건비(16%) 등을 들고 있는 데서도(다중응답) 이러한 사실이 확인된다.

---

43 현재 중국에서 외자기업이 종업원을 위해 가입하도록 하는 사회보험의 종류에는 양로보험, 실업보험, 의료보험, 공상보험, 생육보험, 주택보조금 등이 있다. 중국당국은 외자기업이 일정한 사회보험료를 부담하도록 공식적으로 규정하고 있으나, 실제로는 외자기업이 지방당국과 타협하는 등의 방식을 써서 보험료 부담을 하지 않거나 부담비중(종업원가입률 또는 보험료율)을 조정하고 있다.

<표 4-13> 응답업체의 내수 유통경로 (다중 응답) (단위 : 건, %)

항목	응답회수	응답비율	사례비율
직판/직매장	44	14.7	26.2
자체 유통업체	8	2.7	4.8
유통사와 직거래(經銷)	44	14.7	26.2
대리/중간상	60	20.1	35.7
위탁판매	19	6.4	11.3
정부/입찰	9	3.0	5.4
합작선 이용	13	4.3	7.7
가맹점	6	2.0	3.6
현지기업 직납	95	31.8	56.5
기타	1	0.3	0.6
계	188	100.0	178.0

주 : 결측사례 4, 유효사례 168.

2) 시장지향형 투자의 어려움

한편 최근 중국 내수시장을 한국기업이 더 적극적으로 공략하는 것으로 분석되나 아직까지 많은 한계가 있다. 즉 아직까지는 내수시장 진출이 중요한 투자동기인 기업의 대부분이 부품 생산기업으로 현지기업에 대한 납품이 내수시장 진출의 주요 형태인 것으로 평가된다. 반면 중국의 유통망을 독자적으로 공략하는 기업은 아직까지 많지 않은 것으로 보인다. 따라서 진정한 의미에서의 중국 내수시장 공략을 위해서는 앞으로도 넘어야 할 장벽이 많다는 데 유의할 필요가 있다.

설문결과에 따르면 생산품을 조금이라도 현지에서 판매하거나 납품하는 경우는 293개 응답업체의 58.7%인 172개사에 달했다. 내수비율이 있는 업체(172개사)의 경우, 내수비율이 40%를 초과하는 업체의 비율은 65.7%, 내수비율이 80%를 넘은 업체의 비율은 43%이다.

그런데 내수비율이 있는 업체 168개사가 활용하는 유통경로(판로)를 보면

<표 4-14> 내수시의 애로요인 (다중 응답) (단위 : 건, %)

항목	응답회수	응답비율	사례비율
대금회수	85	34.1	54.1
유통업자 물색	28	11.2	17.8
유통경로 복잡	16	6.4	10.2
내수비율 제한	3	1.2	1.9
지방간 장벽	7	2.8	4.5
가격조건 불리	64	25.7	40.8
물류/AS 고비용	29	11.6	18.5
기타	17	6.8	10.8
계	249	100.0	158.6

주 : 유효사례 157.

① 현지기업에 직납(전체의 57%), ② 대리상·중간상(36%), ③ 유통업자와 직거래(26%), ④ 직판·직매장(26%), ⑤ 위탁판매(11%) ⑥ 현지 합작선 이용(8%), ⑦ 정부기관 납품·입찰(5.4%), ⑧ 자체 보유 유통업체(4.8%), ⑨ 프랜차이즈 가맹점(4%) 등의 순이다(다중 응답).

내수비율이 있는 업체 168개사 중 38.1%인 64개사는 오직 현지기업에 직납하는 방식만을 판로로 이용하고 기타 유통경로를 활용하지 못하고 있다. 이들 업체는 내수 마케팅 활동에 본격적으로 진출했다고 보기 어렵다. 반면에 현지 유통업자와 직거래한다고 응답한 업체도 26.2%에 달하는데, 중국의 유통시장 특성상 직거래 판로를 개척하기까지는 상당한 시간이 소요된다는 점을 감안하면, 이들 업체는 현재 내수진출에 상당한 성과를 이룬 것으로 해석된다.

한편 내수시장 진출 애로요인 중 대금회수 문제가 가장 심각한 것으로 나타났다. 유효 응답자 157개사의 54%가 대금회수 문제를 주요 애로요인으로 지적하였다. 기타 내수진출 애로요인으로 지적된 것으로는 가격조건 불리(응답자의 41%), 과중한 물류비와 A/S비 부담(19%), 유통업자 물색 곤란(18%), 복잡한 유통경로 10% 등이다.

제5장

경영성과와 전략

1. 경영성과[1]

1) 대중투자, 절반의 성공

중국에 투자한 기업이 만족할 만한 성과를 보이고 있느냐를 확인하기 위한 적지 않은 조사와 분석이 이루어졌다. 그러나 중국투자기업 전체에 대한 전수조사가 불가능한 상황에서 기존의 경영성과 추정은 표본의 추출이나 응답의 신뢰도 면에서 나름의 한계를 갖고 있다.

기업이 제출한 정확한 회계자료를 이용하여 중국을 포함한 해외투자기업의 경영성과를 측정하는 것이 가능한 자료는 한국수출입은행이 집계하는 1,000만 달러 이상 투자된 해외현지법인 경영현황 통계이다. 이 자료는 개별기업의 회계자료를 집계한 것이라는 점에서 응답의 신뢰도가 매우 높고, 중국에 투자한 기업의 성과를 여타 지역에 투자한 기업의 성과와 비교할 수 있다는 장점이 있다. 특

---

1 본 장의 내용은 지만수 외(2004) 중 4장의 내용을 근거로 하고 새로운 내용을 추가한 것으로 지만수 외(2004)에 근거한 내용에 관해서는 상세한 인용표기를 하지 않았음.

<표 5-1> 투자 대상 지역별 매출액 총이익률 (단위 : %)

	중국	ASEAN	일본	미국	EU
1999	14.8	31.4	3.1	10.7	5.7
2000	14.4	12.5	2.6	9.3	7.5
2001	18.2	13.5	2.3	7.1	7.4
2002	17.6	11.2	2.8	8.5	11.3
2003	15.4	7.8	2.6	9.0	10.4
2004	11.8	6.8	3.3	9.2	11.0
2005	10.5	N.A	3.5	9.7	9.3

출처 : 한국수출입은행(1999 ; 2000 ; 2001 ; 2002 ; 2003 ; 2004 ; 2005).

히 2004회계연도 이후에는 투자규모 1,000만 달러 이상 기업뿐 아니라, 더 많은 기업의 경영성과를 수집하여 분석하고 있다.[2]

이에 따르면 투자기업의 경영성과를 수익성이나 성장성 측면에서 평가할 때, 중국에 투자한 한국기업의 경영성과는 여타지역에 투자한 경우에 비해 양호한 것으로 나타나고 있다. 즉 중국에 투자한 기업은 1999년 이래 ASEAN, 일본, 미국, EU 등에 투자한 기업에 비해 수익성과 성장성이 모두 우월하다.

우선 수익성 면에서 중국에 투자한 기업은 ASEAN, 일본, 미국, EU 등에 투자한 기업에 비해 더 높은 매출액 총이익률을 기록하고 있다. 2003년의 경우 중국에 투자한 현지법인의 매출액 총이익률은 15.4%에 달한 데 비해, ASEAN의 경우 7.8%, 일본 2.6%, 미국 9.0%, EU 10.4%를 기록하고 있다. 1999년 ASEAN에 대한 투자의 매출액 총이익률이 더 높았던 것을 제외하면 중국에 대한 투자는 1999~2005년 사이 모든 해에 걸쳐 여타 지역에 비해 높은 수익률을 보여주고 있다. 이는 중국이 성장

---

2 한국수출입은행의 '해외투자통계정보'는 1998년 이후 1,000만 달러 이상 투자한 대기업에 대해 매년의 경영성과를 집계하였고, 2004회계연도부터는 경영성과 보고 시스템을 통해 보고하는 기업에 대한 경영성과 보고서를 발간하고 있다. 중국의 경우 2004회계연도 463개사, 2005회계연도 598개사의 보고가 이루어졌다.

〈표 5-2〉 투자 대상 지역별 성장성(매출액 성장률) (단위 : %)

	중국	ASEAN	일본	미국	EU
1999	54.3	30.8	28.3	31.5	18.4
2000	33.2	31.7	28.8	29.0	20.6
2001	7.6	7.9	-33.9	-14.0	-9.2
2002	33.7	14.9	5.9	16.3	9.7
2003	51.8	36.9	45.6	6.7	47.8
2004	41.5	29.2	11.7	29.1	44.2

출처 : 한국수출입은행(1999 ; 2000 ; 2001 ; 2002 ; 2003 ; 2004).

시장(emerging market)으로서 미국, 일본, EU 등 이미 시장이 매우 안정된 선진국에 비해 더 높은 수익률 기회를 제공하고 있음을 확인시켜 준다.

다음으로 성장성 면에서 중국에 투자한 기업은 여타 지역에 투자한 기업에 비해 월등히 빠른 성장을 보여주고 있다. 2004년 중국에 투자한 기업의 매출액 증가율은 41.5%에 달했는데, 이는 ASEAN(29.2%), 일본(11.7%), 미국(29.1%) 등에 비해서 높은 편이다. 이 역시 중국시장 자체가 빠르게 성장하고, 중국이 글로벌 생산기지로서의 입지를 넓혀가고 있는 데 기인한 것이라고 볼 수 있다.

그러나 이상은 기본적으로 투자규모 1,000만 달러 이상의 대규모 투자기업만을 대상으로 한 집계 결과라는 데 주의해야 한다. 2003년 중국에 1,000만 달러 이상을 투자한 현지법인의 수는 72개에 지나지 않는다. 또 2004년부터 집계대상을 100만 달러 이상으로 늘렸으나 2005년에도 598개의 기업만을 집계하고 있을 뿐이다. 반면 한국수출입은행에서 집계한 대중투자기업의 누계는 2007년 3월까지 16,426건에 달한다.[3]

따라서 중소기업을 포함한 대중투자기업의 전반적인 상황을 평가하기 위해

---

3 그러나 2003년까지 해외투자규모 1,000만 달러 이상 현지법인에 대한 경영현황 통계는 일정 기준의 기업의 경영성과를 국가별로 비교할 수 있는 유일한 통계이다.

〈표 5-3〉 중국투자기업의 경영성과 (단위 : %)

	전경련(2004)	KOTRA(2004)	KOTRA(2006)	무역협회(2006)
대규모 흑자			3.2	1.1
약간 흑자	44.7	60.7	40.3	38.8
흑자 전환 임박 및 균형	28.1	26.1	29.8	33.7
약간 적자	27.2	13.2	23.3	25.3
대규모 적자			3.4	1.1
응답 기업 수	254개사	491개사	506개사	178개사

출처 : 전경련(2004), KOTRA(2004 ; 2006), 무역협회 등에서 작성.

서는 많은 표본에 대한 설문조사로 개별기업 현황을 파악하여 집계하는 수밖에 없다. 전경련(2004), KOTRA(2004 ; 2006), 무역협회(2006) 등은 중국투자법인의 경영상태를 기업의 흑자/적자 여부를 질문함으로써 확인하였다. 전경련(2004)은 대중투자액 상위 700대 기업을 대상으로 254개 기업의 응답을 수집한 것이다. 따라서 한국수출입은행의 66개 기업에 대한 조사에 비해서는 훨씬 대표성 있다. 그러나 상위 700대 기업이 조사 대상이라는 점에서 여전히 대규모 투자기업으로 제한된 표본이다. KOTRA(2004)에서는 조사대상 기업이 529개사로 비교적 많은 기업을 대상으로 조사했고, 기업규모, 업종, 지역 등의 분포도를 감안하였다고 밝히고 있다.[4] KOTRA(2006) 역시 506개사의 자료를 포함하고 있다.

이들의 조사결과에 따르면 2006년의 경우 대중투자기업 중 흑자기업의 비율은 39.9%(무역협회 2006) 혹은 43.5%(KOTRA 2006)에 달한다. 또한 '손익분기점에 근접'했다거나(무역협회 2006) '흑자전환이 임박'(KOTRA 2006)했다고 응답한 경우도 각각 33.7%, 29.8%에 달했다. 이에 따르면 대중투자기업 중 적자상태에 있는

---

4 그러나 가령 지역별 분포를 볼 때, 상하이 지역기업이 529개사 중 80개로 15% 이상을 차지하고 있으나, 실제 한국 대중투자기업 전체에서 상하이에 입지하고 있는 기업의 비율은 건수에서 4.3%, 액수에서 4.8%에 불과하다. 또한 건수에서 9.7%, 액수에서 13.5%를 차지하고 있는 티엔진(톈진)시 기업은 14개로 전체의 2.7%에 불과하여 적지 않은 불일치가 있다.

기업은 각각 26.4%, 26.7%에 불과하다. 이는 일부의 우려와는 달리 대중투자기업의 70% 이상이 비교적 성공적인 경영을 하고 있음을 의미한다.

그렇지만 설문조사를 통해 개별기업의 현황을 조사하여 집계하는 방식 역시 나름의 한계를 갖고 있다. 즉 설문조사를 통해 기업의 성과지표를 조사하는 경우 경영상태가 좋지 않은 기업은 응답자체를 회피하거나 부정확한 응답을 하는 경우가 많다.[5] 또한 현재 사업을 지속하고 있는 기업을 조사 및 방문 대상으로 할 수밖에 없기 때문에 사업을 철수한 기업의 경우는 아예 파악할 수 없는 근본적인 한계도 있다(sampling bias). 지만수 외(2004)에 사용된 2004년 KIEP의 설문조사 과정에서도 특히 이익률(수익성) 지표에 대해, 다수 업체가 응답을 회피하였다. 따라서 무역협회(2006)나 KOTRA(2006)의 결과는 중국투자 한국기업의 경영성과에 대해 지나치게 낙관적인 결론을 유도하고 있을 가능성이 있다.

한편 해외투자기업의 경우에는 기업의 당기 순이익 등 수익성 관련지표를 확인하였더라도 현지법인의 재무지표만으로 성과를 평가하는 것은 한계가 있다. 해외투자기업의 경우 순수하게 투자의 목적, 사업의 형태, 현지의 제도에 따라 기업이 매우 복잡한 목표함수를 갖기 때문이다.

많은 기업이 중국의 조세정책, 합작 파트너와의 관계 등을 고려하여 한국 본사와의 이전가격(transfer pricing) 조절 등을 통해 한국과 중국 사이에서 수익발생지를 선택하고 있다. 따라서 현지법인의 장부상의 이익이 기업의 경영성과를 정확히 반영한다고 말하기 어렵다.[6] 면접조사 과정에서 국내에 모기업을 둔 많은 기업이 기업 내 이전거래를 통해 이윤을 조절하고 있으며, 중국 내 법인의 수익성

---

5 KOTRA(2004)의 경우 529개사 중 38개사가 응답을 하지 않았는데, 이들은 대부분 경영상태가 어려운 기업일 것이라고 추정된다.
6 현지 인터뷰에 의하면 조세 회피를 위해 적자결산 회계로 조정하거나, 또는 조업 5년 정도가 지나면 기존 법인을 정리하고 새로 법인을 세우는 사례도 있다. 중국에서는 투자 후 2년 면세 3년 반감 등의 조세우대 기간이 끝나면 세무당국이 계획적으로 철저한 과세를 하는 사례가 있기 때문이라는 것이다.

을 확보하는 것은 경영의 주요 목표가 아니라고 밝히기도 했다.

때문에 일부 기존연구에서는 대중투자기업의 경영성과를 평가하는 데 있어서 현지법인의 수익성이나 성장성을 나타내는 재무지표 외에 설문조사를 통해 '투자동기의 달성' 여부, '본사와의 관계(모기업에 대한 기여)', '합작파트너와의 관계' 등을 검토하기도 한다.[7]

2) 새로운 경영성과 측정 1 : 델파이 방식

지만수 외(2004)에서는 직접 해당기업의 흑자/적자 여부를 묻는 설문조사 방식의 한계를 극복하기 위하여 몇 가지 새로운 접근을 시도하였다.

첫째, 모기업과 현지법인 간의 원자재 공급가격 조정 등의 방법으로 현지법인의 이윤을 본사로 이전하는 이전거래가 존재하고 있고, 이로 인해 현지법인의 수익성 자체가 큰 중요성을 갖지 않는 경우가 있다는 문제를 해결하기 위해, 본 연구에서는 중국투자 후 본사의 발생이익과 중국법인의 발생이익을 합한 총이익이 국내에만 있을 때보다 늘었는지 여부를 질문하였다.

응답한 253개사 중 총이익(본사이익+중국법인이익)이 중국진출 후 늘었다고 응답한 비율은 72%였고, 큰 변화가 없다고 응답한 경우는 12%, 줄었다고 응답한 경우는 16%로 나타났다. 그런데 같은 시기를 조사한 전경련(2004)이나 KOTRA(2004)의 경우에 현지법인이 흑자를 보고 있다고 응답한 비율이 각각 44.7%, 60.7%였다. 따라서 이 결과는 현지투자를 통해 모기업이 올리게 된 수익까지 고려할 경우 중국투자의 성공률은 더 높게 평가될 수 있음을 시사하는 결과이다.[8]

---

7 대한상공회의소(1997, 51~52).
8 그러나 설문과정에서 본사의 이익이 중국투자의 결과로 증가한 것인지, 다른 요인 때문에 증가한 것인지를 충분히 통제하지 못하였다. 즉 일부기업의 경우에는 중국투자와 관계없이 다른 이유로 본사의 이익 증가한 경우에도 총이익이 증가하였다고 답하는 사례가 있었을 것을 판단된다. 따라서 본 결과

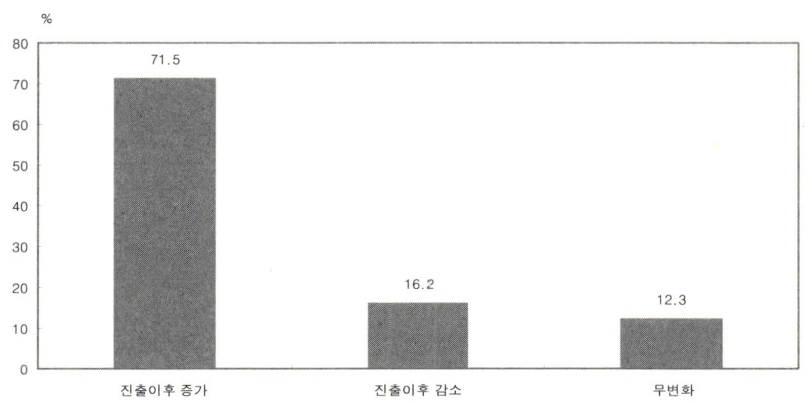

〈그림 5-1〉 중국진출 이후 본사와 중국법인의 총이익 변화 방향

주 : 총 253개 응답.

둘째, 중국투자에 실패하여 퇴출된 기업은 원천적으로 조사대상에 포함될 수가 없고, 경영성과가 나쁜 기업은 경영성과에 대한 질문에 대한 응답을 기피하는 경향이 있어, 표본조사를 통해 중국투자기업의 경영성과에 접근할 경우 그 결과가 현실을 (실제보다 긍정적으로) 왜곡할 가능성을 막기 위해서, 본 연구에서는 일종의 델파이(delphi) 기법[9]을 활용하였다. 즉 중국에 투자하여 현지법인을 경영하고 있는 경영자 하나하나를 한국기업의 중국투자 현황에 대해서는 일종의 전문가로 취급하고, 응답의 왜곡이 일어날 수 있는 해당 기업의 경영성과가 아니라,

---

의 해석에 주의를 요한다.

9 계량화하기 어려운 주제에 대해 관련 주제를 다루고 있는 다수의 전문가에 대한 면접 또는 설문을 실시하여 그 집계결과를 계량화하는 방식이다. 이해당사자를 면접하여 집계하는 데 따르는 응답의 왜곡을 피할 수 있다. 델파이 기법은 다음과 같은 것을 강조한다. ① 익명성 ② 결과를 통합해서 다시 돌려줌으로써 먼저 의견을 수정할 수 있게 한다. ③ 돌려주는 자료는 언제나 집계 형식으로만 제시된다. ④ 돌려주는 자료는 통계적으로 중위수, 확산도, 빈도 등으로 표현한다. ⑤ 전문가의 합의를 구하는 방향으로 운영한다.

〈표 5-4〉 한국업체의 투자성공·실패율

기업규모	경영성과	평균	응답자수
전체	성공률 실패율	57.03 43.21	96
대기업	성공률 실패율	77.07 11.00	75
중소기업	성공률 실패율	44.31 34.50	94

출처 : 지만수 외(2004).

중국에 투자한 한국기업 전체의 성공률에 대한 축적된 경험에서 나오는 판단을 질문하였다. 현지법인의 경영자는 대부분 중국 현지에서 다년간 생활하는 가운데 한국계 기업의 경영 성과 관련 사례를 많이 인지하고 있을 것이기 때문이다.

설문조사에 응한 투자업체의 한국인 간부에게 본인이 느끼는 한국업체의 성공률과 실패율을 평가하고 이를 평균한 결과, 성공률 약 57%, 실패율 약 43%로 나타났다(유효 응답자 96개사). 그중 대기업의 경영성과에 대한 평가 평균값은 성공률 약 77%, 실패율 약 11%로 나타났고(유효 응답자 75개사), 중소기업의 경영성과에 대한 평가는 성공률 44%, 실패율 35%로 나타났다(유효 응답자 94개사).

이러한 결과는 특히 중국투자기업의 실패율(적자를 보는 경우)을 평가하는 데 있어, 그것이 각각 27.2%, 13.2%로 나타났던 전경련(2004) 및 KOTRA(2004)의 직접조사 결과에 비해, 투자에 실패하는 사례가 실제로는 훨씬 많을 수 있다는 것을 시사한다.

3) 새로운 경영성과 측정 2 : 매출이익률의 추정

본 연구에서는 KIEP의 2004년 298개 대중투자기업에 대한 설문조사 자료를 활용해 직접적으로 중국진출 한국기업의 수익성(매출이익률)을 추정하였다.

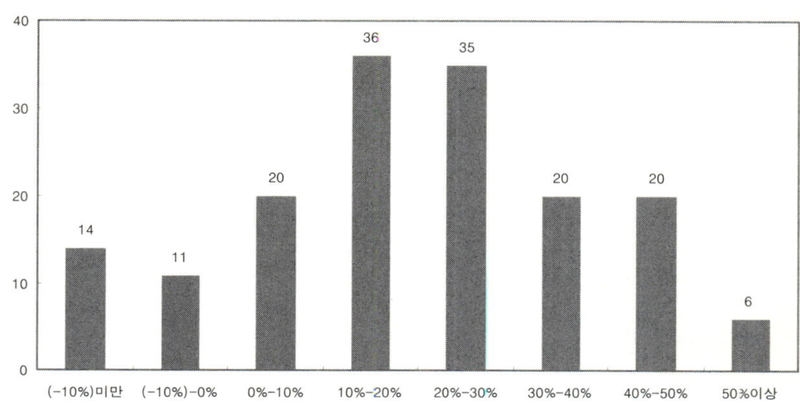

〈그림 5-2〉 매출이익률의 구간별 분포

　　한국수출입은행의 『우리나라의 해외직접투자 현지법인 경영현황 분석』에서도 투자규모 1,000만 달러 이상의 기업에 대해 매출액 총이익률 등을 제시하고 있으나, 소수의 기업(2003년도의 경우 72개)만이 그 대상이라는 한계가 있다. 따라서 본 연구의 추정은 설문조사 자료를 활용하여 직접 중국투자기업의 수익성 지표를 계산한 최초의 경영성과 추정이라고 할 수 있다.[10] 또한 중국기업의 경영성과 결정요인을 실제 조사자료와 계량경제학적 기법으로 추정한 연구로서도 최초이다.

　　우선 투자기업의 매출이익률은 매출액에서 자본비용, 인건비, 매출원가(매입비용)를 차감한 매출이익을 매출액으로 나누어 계산했다.[11] 계산방법은 아래와 같다.

---

[10] 그동안 이루어진 중국진출 한국기업의 경영성과(수익성)에 대한 추정은 대부분 흑자/적자 여부(전경련 2004, KOTRA 2004), 5점 척도 등을 이용한 수익성에 대한 만족도 조사(한국무역협회 1995) 등에 그치고 있다.

[11] 이는 회계학에서 사용하는 매출액 총이익률의 거념에 해당한다. 즉 판매를 위한 영업비용 등을 고려하지 않았다. 다만 여기서는 자료의 한계 때문에 엄밀한 회계학적 개념을 사용한 것은 아니다.

$$매출이익률 = (매출액 - 비용총액)/매출액$$
$$비용총액 = 자본비용 + 인건비 + 매입비용$$
$$자본비용 = 실제투자액 \times 0.1 [12]$$
$$인건비 = 현지인 임금총액 + 파견인원 임금총액$$
$$현지인 임금총액 = (관리직수 \times 관리직 임금) + (생산직수 \times 생산직 임금)$$
$$파견인원 임금총액 = 파견자수 \times 한국 제조업평균임금 \times 1.5 [13]$$
$$생산직 임금 = (숙련공 임금 + 비숙련공 임금)/2 [14]$$

총 298개의 응답 중 결측치와 이상치[15]를 제외하고 총 162개 기업이 분석에 사용되었다. 이들 기업의 평균 매출이익률은 18.1%로 나타났다. 이는 한국수출입은행의 2002년 투자규모 1,000만 달러 이상 66개 기업에 대한 매출액 총이익률 17.6%와 매우 유사한 결과이다.

매출이익률의 분포를 보면 10~30% 사이에 71개로 절반이 넘는 기업이 분포하고 있다. 적자를 보는 기업은 162개 기업 중 25개사로 15.4%를 차지했다. 이중 -10% 미만으로 큰 폭의 적자를 보고 있는 기업도 14개에 달했다. 같은 기간을 대상으로 KOTRA(2004)에서는 흑자/적자 여부를 묻는 설문조사를 행한 바 있는데, 여기서 '적자'로 대답한 기업의 비율이 13.2%였다. 따라서 새롭게 도출한 매출이익률의 분포는 상당히 실제 상황을 반영하고 있는 것으로 보인다. 반면 매출이익

---

12 부채를 포함한 자산이나 고정 및 유동자산에 대한 자료를 구할 수 없었다. 여기서는 투자액에 대해 임의의 계수(10%)를 곱하여 자본비용으로 사용하였다.

13 파견인원에 대한 인건비에 대해서는 별도의 설문을 하지 않았다. 따라서 2003년 6월 현재 한국의 제조업 평균임금 209만 5,262원에 파견에 따른 추가비용을 50%로 추가하여 산정하였다. 파견인원의 대부분이 관리직이라는 점을 고려하면 이는 실제 파견자 인건비를 과소평가하였을 가능성이 있다. 그러나 현지법인 파견직원의 인건비의 일부를 한국의 본사에서 지불하는 관행이 있다는 점을 고려하였다. 2003년 6월 기준환율 1,193원/$를 환산을 위한 환율로 사용하였다.

14 설문에서 사무관리직, 숙련공, 미숙련공을 구별하여 평균임금을 파악하였으나, 고용자수에 대해서는 사무관리직과 생산직만을 구별하고 있다. 따라서 생산직 평균임금을 숙련공과 비숙련공 임금의 평균으로 계산하였다.

15 매출이익률이 60% 이상인 기업과 -50% 이상인 기업은 분석에서 제외하였다. 47개의 기업이 이상치로 간주되었다.

률이 40% 이상에 달할 정도로 대폭 흑자를 보고 있는 것으로 나타난 기업은 26개로 16.0%를 차지한다.

2. 경영성과와 경영전략

투자하는 기업의 성과는 그 기업이 처한 조건과 취하는 전략에 크게 좌우된다. 어떤 업종에 속하는가, 어떤 지역에 투자하는가, 어떤 규모로 투자하는가, 어디를 주요 시장으로 삼는가, 매입을 얼마나 현지화하였는가, 대기업과 연계 진출하는가, 투자한 후 어느 정도의 시간이 흘렀는가 등 여러 변수가 기업의 성과에 영향을 미칠 것이다.

여기서는 대외경제정책연구원의 2004년 298개 기업에 대한 설문조사 및 앞절에서 추정한 기업별 매출이익률을 활용하여 기업의 다양한 선택과 전략이 기업의 성과나 사업 형태에 어떤 영향을 미치는지를 검토한다.

1) 노동집약·수출지향 업종의 경영곤란

표본 중에서 10개 이상의 업체를 갖고 있는 7개 업종을 대상으로 그 특징을 살펴보면 의복모피, 섬유제품, 가구 및 제품 등의 대표적인 노동집약적 산업이 매출이익률이 가장 낮고, 수출비율과 현지 조달 비율은 높으며, 대기업과의 연계 진출은 낮은 것으로 나타났다.

즉 매출이익률은 의복모피가 12%로 가장 낮고, 섬유제품이 15%로 그 다음이었으며, 가구 및 제품 역시 16%로 평균에 비해 낮았다. 일인당 매출액도 이들 세 업종이 모두 2만 위안 미만으로 여타 업종에 비해 현저하게 낮았다. 즉 일인당 매

<表 5-5> 업종별로 본 경영전략과 성과 (단위 : %, 만 위안)

산업명	업체수	매출이익률	매입 중 현지조달비율	매출 중 수출비율	일인당매출	연계진출 비율
가구 및 제품	26	0.16	58	84	1.6	4
전자통신	17	0.18	47	53	6.0	59
기계장비	15	0.18	50	26	11.1	27
의복모피	13	0.12	58	96	1.8	0
섬유제품	11	0.15	66	86	1.9	0
고무플라스틱	11	0.22	35	53	2.9	45
조립금속	11	0.22	44	75	3.3	36
기타	58	0.20	55	59	6.5	28

출을 기준으로 볼 때 이들이 가장 노동집약적인 업종이면서 매출이익률을 높고 볼 때 수익성이 낮은 업종이었다.

이는 노동집약적 저부가가치 업종의 수익률이 낮을 것이라는 일반적인 예상을 뒷받침해주는 결과이기도 하다.

한편 이들 세 업종은 매출 중 수출의 비율이 가장 높은 업종이기도 하다. 의복모피 업종에 속한 기업의 경우 평균적으로 매출의 96%를 수출하고 있었다. 가구 및 제품, 섬유제품의 경우도 평균적인 수출비율이 80%를 넘는다.

반면 매입 면에서는 반대로 중국 현지조달의 비율이 가장 높은 세 업종이기도 하다. 세 업종 모두 중국 내 현지조달이 매입에서 차지하는 비율이 50%가 넘는다. 섬유제품의 경우에는 66%에 달한다.

이들 세 업종은 대기업과의 연계 진출한 경우가 아예 없거나 매우 드물었다. 의복모피 및 섬유제품 업종은 대기업과의 연계진출이 아예 없었고, 가구 및 제품의 경우에도 그 비율이 매우 낮았다. 26개 업체 중에서 단 한개 회사가 연계 진출이었다. 원래 이들 업종은 비교적 전후방 연관이 단순하여 생산과정의 수직적 통합의 필요성이 크지 않기 때문에 연계진출의 필요성이 없는 것이다.

의복, 섬유, 가구 등 세 업종은 가장 대표적인 비용절감형 투자의 사례라고 할 수 있다. 일인당매출이 매우 작은 데서도 알 수 있듯이 매우 노동집약적인 업종이다. 중국의 저렴한 노동력이 이들이 중국에 투자하도록 한 가장 중요한 동기이다. 현지 매입비율이 높은 것도 결국 저렴한 중국의 원자재를 최대한 활용함으로써 원가를 절감하기 위한 노력의 결과라고 보인다. 또한 매출의 대부분을 수출하고 있는 업종으로 시장지향형 투자와는 거리가 멀다. 가치사슬 자체가 매우 단순하기 때문에 대기업과의 동반진출 사례는 찾기 어렵다.

그런데 가장 대표적인 비용절감형 투자 업종이라고 할 수 있는 이 세 업종의 매출이익률이 7개 산업 중 가장 낮았다. 즉 한국의 국내 비용상승 등으로 인해 노동집약적 업종에서 중국으로의 비용절감형 투자가 활발하게 일어나고 있지간, 이러한 투자 모델이 높은 수익성을 안겨주는 것은 아니다. 이들은 중국에 진출한 이후에도 치열한 경쟁과 지속적인 원가절감 압력에 시달리고 있는 것으로 보인다.

한편 가장 대표적인 시장지향형 투자 업종은 기계장비 업종이었다. 이 업종의 수출비율은 26%에 불과했다. 반면 일인당 매출은 7개 산업 중 가장 높아서, 비교적 노동집약적 성격이 약한 업종임을 알 수 있다. 이 기계장비 업종의 매출이익률은 대체로 전체 업종의 평균 수준이었다.

가장 많은 기업이 투자하고 있는 전자통신 업종의 경우에는 시장지향, 비용절감, 동반진출 등 다양한 투자동기와 전략이 골고루 혼재한 업종이다. 그런데 이 업종은 대기업과 연계 진출이 중요한 투자동기라고 응답한 기업의 비율이 59%로 가장 높았다. 삼성, LG 등 한국의 전자통신 업종의 주요 기업이 중국에 수십 개의 조립공장을 세우고 중국 내수시장을 공략하는 한편, 중국을 수출기지로 삼아 전 세계를 공략하는 전략을 펼치고 있다. 이에 따라 이 업종의 많은 관련 기업도 이들 대기업의 투자에 직간접으로 관련되어 중국에 투자하기 시작하였음을 알 수 있다. 수출비율은 53%로 내수와 수출의 비율이 각각 절반 정도이다. 매출이익률 역시 평균수준인 18%에 머물고 있다.

2) 지역별로 상이한 경영전략

지역별로는 전통적인 한국 중소기업의 투자입지인 산둥성과 새롭게 부상하고 있는 상하이, 장쑤성, 저장성 등 창장 삼각주 지역에 대한 투자가 표본 중에 골고루 분포하고 있다. 그런데 각 지역에 대한 투자는 투자규모, 일인당 생산성, 매출입 특성, 대기업과의 연계진출 비율 등에서 큰 차이가 있다.

투자규모 면에서는 장장 및 주장 삼각주와 베이징 및 톈진 지역에 대한 투자가 600~700만 달러 규모로 나타난 반면 한국 중소기업이 집중된 산둥 지역이나 진출 초기에 많은 투자가 이루어졌던 동북3성 지역에 대한 투자규모는 평균 300만 달러 정도로 여타 지역의 절반 정도 수준이다.

일인당 매출을 보면 대체로 투자규모의 추이를 따라 즉 건당 투자규모가 큰 베이징/톈진 및 창장 삼각주 지역에 투자한 기업의 일인당 매출이 더 높게 나타난다.

그러나 투자규모가 큰 편인 주장 삼각주 지역의 경우에는(2.7) 상하이나 장수 등 창장 삼각주 지역보다 평균 투자규모는 약간 더 크지만 일인당 매출은 그 절반에도 미치지 못한다. 또한 평균 투자규모가 절반 수준인 산둥성(3.2)과 비교해도 일인당 매출이 더 작았다.

즉 광둥성 지역에 대한 투자는 비록 투자의 평균 규모가 크기는 하지만, 그 성격 자체는 매우 노동집약적인 투자가 이루어지고 있는 것이다.

원래 광둥성 지역은 일찍부터 화교자본이 주도하는 노동집약적 조립산업 중심으로 외자가 유치된 지역이다. 때문에 이 지역에 투자한 한국기업들도 대체로 이들 화교자본과 유사한 노동집약적 성격을 가지게 된 것으로 보인다.

즉 이 지역은 한편으로는 한국과의 거리가 멀고 광둥어를 사용하는 등 문화적으로 이질적이다. 때문에 투자의 진입비용이 비교적 크다. 그 결과 중소기업보다는 대기업 중심으로 비교적 평균 규모가 큰 투자가 이루어졌다. 그렇지만 업종의 성격 자체는 주강 삼각주 지역의 산업 성격을 반영하여 매우 노동집약적으로

<표 5-6> 투자지역별로 본 경영전략과 성과 [단위 : %, 백만 달러(투자), 만 위안(매출)]

소재지	업체 수	투자 규모	일인당 매출	매출 이익률	현지 조달비율	수출 비율	가공 무역도	연계
베이징/톈진	30	610	6.5	0.22	58	42	0.24	20
산둥	48	333	3.2	0.23	44	56	0.49	17
창장 삼각주	52	614	7.0	0.13	59	41	0.21	38
주장 삼각주	6	707	2.7	0.19	47	53	0.37	33
랴오닝/지린	25	318	2.8	0.13	53	47	0.38	16
기타	1	15	0.9	0.31	65	35	0.00	0

형성된 것이다.

한편 매출입 구조 면에서 수출비율은 산둥성 및 주강 삼각주 지역이 50% 이상으로 높게 나타났다. 산둥성은 중소기업의 대표적인 가공무역 기지로 활용되고 있고, 주장 삼각주 지역은 세계적인 전자산업의 수출기지다. 따라서 이 지역에 투자한 기업의 매출 가운데 수출이 높은 비율을 차지하였다. 반면 창장 삼각주 지역에 투자한 기업의 수출비율이 41%로 가장 낮았다. 중국 경제와 산업의 중심이라고 할 수 있는 이 지역에는 중국 내수시장 공략을 목표로 하는 시장지향형 투자가 더 많이 이루어졌음을 의미한다.

현지조달 비율은 베이징/톈진 및 창장 삼각주 지역이 각각 58%와 59%로 가장 높게 나타났다. 이들 지역에서 현지조달의 비율이 높게 나타나는 것은 이 지역이 중국 경제의 전통적 중심지역이라는 사실과 관계가 있을 것으로 보인다.

대기업과의 동반진출의 비율은 창장 삼각주와 주장 삼각주가 비교적 높게 나타났다. 이 지역에 주로 전자 산업에 종사하는 한국의 대기업의 진출이 많음을 고려할 때 이들에 대한 납품을 목적으로 하는 투자가 많이 이루어진 것으로 보인다. 특히 창장 삼각주 지역은 현지조달 비율과 연계진출 비율이 각각 가장 높은 지역이다. 이는 이 지역에 진출한 대기업이 동반진출한 중소기업의 제품을 현지에서 납품받는 경우가 많다는 의미로 해석할 수 있다.

3) 큰 기업일수록 낮은 수익률

투자규모 별로 보면 아무래도 투자규모가 클수록 일인당 매출이 커지는 일관된 경향이 보인다. 매출이익률의 경우 일관되지는 않으나 대체로 투자규모가 클수록 오히려 낮아지는 경향이 보인다. 중간 정도 규모인 100만~200만 달러 규모의 투자를 한 그룹의 매출이익률이 가장 높았다. 또한 100만 달러 이상에서 2,000만 달러까지의 구간에서는 투자규모가 커질수록 매출이익률이 줄어드는 추세가 분명히 나타난다.

한편 수출비율은 투자규모 500만 달러를 넘으면서 급격히 떨어진다. 투자규모가 500만 달러 미만인 6개 그룹의 경우 매출 가운데 수출이 차지하는 비율이 65~76%에 달하나, 투자규모가 500만 달러가 넘는 경우에는 수출비율이 40%대로 떨어졌다. 이는 투자규모가 작을수록 비용절감형 수출기지로서 중국을 활용하는 경우가 많은 반면, 투자규모가 큰 기업의 경우 중국 내수시장을 공략하기위한 시장지향형 투자가 많다는 것을 시사한다.

현지조달 비율 역시 투자규모가 커질수록 줄어드는 경향을 보인다. 이 역시 투자규모가 클수록 비용절감형 투자보다는 시장지향적 투자로 변화하는 것과 관련되는 것으로 보인다. 현지화를 통한 비용절감의 동기가 투자규모가 커질수록 작아진다는 얘기다. 보다 자세히 살펴보면 현지조달비율은 투자규모 300만 달러수준까지의 5개 그룹에서는 규모가 커지면서 일관되게 줄어든다. 현지조달비율은 이후 기업규모가 커지면서 함께 높아지다가 투자규모 2,000만 달러 이상의 그룹에서는 다시 감소한다.

연계진출 비율의 경우 투자규모 100만 달러 미만과 1,000만 달러 이상에서는 비교적 낮은 반면, 중간 정도의 투자규모를 가진 그룹에서는 높게 나타났다. 즉 투자규모 100만 달러 미만의 중소기업의 경우 대기업과의 안정적인 관계를 갖기가 쉽지 않다는 의미이다. 이는 규모가 작아질수록 더 분명하게 나타난다. 투자규모 20만 달러 미만의 경우 21개 기업 중 2개 기업만이 연계진출을 대중투자의

<표 5-7> 규모별로 본 경영전략과 성과 (단위 : 만 달러, %)

투자규모	업체 수	평균 투자 규모	인당 매출	매출 이익률	수출 비율	현지 조달비율	연계 진출비율
0~20만 달러 미만	21	14	1.6	0.18	70	75	10
20~50만 달러 미만	29	36	2.1	0.23	71	63	17
50~100만 달러 미만	23	86	2.7	0.12	65	55	26
100~200만 달러 미만	20	142	2.2	0.26	67	39	35
200~300만 달러 미만	16	239	3.0	0.16	76	37	38
300~500만 달러 미만	19	369	4.6	0.18	74	47	26
500~1000만 달러 미만	13	608	5.9	0.16	47	43	38
1000~2000만 달러 미만	15	1,329	13.8	0.12	44	59	27
2000만 달러 이상	8	4,244	23.5	0.19	48	36	13

동기라고 응답했다. 동시에 2,000만 달러 이상의 투자규모를 가진 업체는 그 스스로가 조립형 대기업일 가능성이 크다. 때문에 연계진출의 비율이 높지 않았다. 8개 업체 중 1개 업체만 연계진출이 투자의 동기라고 응답하였다.

4) 내수기업일수록 높은 수익성

매출입구조와 수익성 사이의 관계를 살펴보면, 가장 중요한 특징은 수출비율이 낮은 기업이 수익성이 높은 반면, 수출비율이 높은 기업이 낮았다는 사실이다. 즉 매출에서 수출이 차지하는 비율이 20% 미만인 두 개 그룹 38개 기업의 경우 평균 매출이익률이 25%와 27%로 가장 높았다. 반면 수출 비율이 80% 이상 100%까지의 두 개 그룹은 매출이익률이 14%로 낮았다. 이는 시장지향형 기업이 비용절감형(수출지향형) 기업보다 더 좋은 경영성과를 보이고 있다는 것을 의미한다.

그 이유는 두 가지 투자동기의 성격에서도 찾을 수 있다. 즉 시장지향형 투자는 본국에서의 경쟁력을 바탕으로 해외시장을 개척하는 적극적인 투자인 데 반

〈표 5-8〉 매출입 구조별로 본 경영전략과 성과 (단위 : 개, %)

수출비율	업체 수	매출이익률	현지조달비율	업체 수	매출이익률
0%	19	0.25	0%	17	0.16
0~20% 미만	19	0.27	0~20% 미만	27	0.15
20~50% 미만	17	0.14	20~50% 미만	23	0.18
50~80% 미만	18	0.24	50~80% 미만	42	0.19
80~100% 미만	17	0.14	80~100% 미만	28	0.22
100%	72	0.14	100%	25	0.19

해, 비용절감형 투자는 본국에서의 비용상승으로 경쟁력을 잃고 있는 상황에서 해외의 저렴한 생산요소를 활용하기 위해 투자하는 소극적인 투자라고 할 수 있다. 또한 비용절감형 투자는 수출기지형 투자로서 완전경쟁적인 상황에 있는 세계시장에서 경쟁해야 한다. 치열한 가격경쟁 속에서 충분한 마진을 남기기 어려운 것이다. 반면 시장지향적 투자로 중국 내수시장을 공략하는 경우에는 기술 및 브랜드 우위를 바탕으로 더 높은 수익성을 추구할 수 있는 여지가 있다.

중국에 투자한 한국기업의 매출이익률이 내수에 집중하는 기업의 경우에 수출에 집중하는 기업보다 훨씬 높게 나타나는 것은 근본적으로는 이러한 두 가지 투자동기의 차이가 반영된 것으로 보인다.

한편 현지조달 비율의 경우 수출비율의 경우처럼 특징이 뚜렷하지는 않으나, 대체로 현지조달 비율이 높을수록 수익성이 높은 것으로 나타나고 있다. 즉 많은 기업이 저렴한 부품을 현지에서 조달하는 데 성공하여 수익성을 높이는 데 성공한 것으로 해석할 수 있다.[16]

---

16 수익성이 낮은 기업이 원가절감을 위해 현지의 저렴한 생산요소의 조달을 늘리는 반대의 가설도 생각할 수 있다. 그러나 조사결과가 보여주는 것은 낮은 수익성 → 비용절감 필요성 → 현지조달 강화라는 가설보다는 현지요소 활용 강화 → 수익성 개선이라는 가설이 맞다는 것을 보여 준다.

5) 동반진출, 조업기간, 합자여부

응답기업 중 25% 정도인 40개 기업이 납품처인 대기업의 중국진출에 따른 동반진출 필요성에 따라 중국에 진출했다고 응답하였다. 그런데 동반진출한 기업의 매출이익률의 평균은 15% 수준에 그쳐 단독 진출한 기업 122개사의 매출이익률 19%에 크게 미치지 못했다.

특히 40개 업체 중 20%에 해당하는 8개 업체가 매출이익률이 (−)인 것으로 나타났다. 동반진출하지 않은 기업 122개 중에서 매출이익률이 (−)인 업체가 17개로 13.9%에 머무르는 것과 비교된다.

이는 일반적으로 대기업과의 동반진출을 통해 안정적인 수익을 확보할 것이라는 예측과는 어긋나는 것이다. 대기업과 동반진출하는 기업의 경우, 대기업의 원가절감 노력 등으로 납품가격 인하 요구에 끊임없이 직면하는 것으로 보인다. 또한 적자 기업의 비율이 높은 것은, 안정성 면에서도 대기업이 낮더라도 적정한 이윤을 보장해 줄 것이라는 기대가 현실과는 다르기 때문이라고 해석할 수 있다.

조업기간에 따른 매출이익률 평균 추이를 보면 진출 1년차 기업의 매출이익률은 현저하게 낮았다. 그러나 2년 이후부터는 20%대의 매출이익률을 실현하고 있으며, 진출기간이 더 긴 기업일수록 더 높은 이익률을 보인다. 다만 6년 이상 기업의 경우에는 평균 매출이익률이 16% 수준으로 떨어졌다.

이는 중국에 신규 진출한 경우 필요한 적응기간은 1년 정도이며, 그 이후에는 대체로 기대하는 수익을 올릴 수 있다는 의미로 해석된다. 다만 투자한 지 6년 이상이 된 기업의 경우에는 이익률이 낮게 나타난다. 이는 이들 기업 중 상당수가 시설 노후화나 중국 경쟁환경의 변화로 점차 경쟁력을 잃고 있기 때문일 것으로 보인다. 비용절감형 투자의 경우 노동집약적 경공업 등 한국에서 이미 사양산업에 속하는 기업의 진출이 많았을 것으로 보이는데, 중국에 투자하여 수익성을 일시적으로 개선하더라도 5년 이상의 시간이 지나면 중국에서조차 경쟁력을 유지하기 어렵다는 의미로도 해석된다.

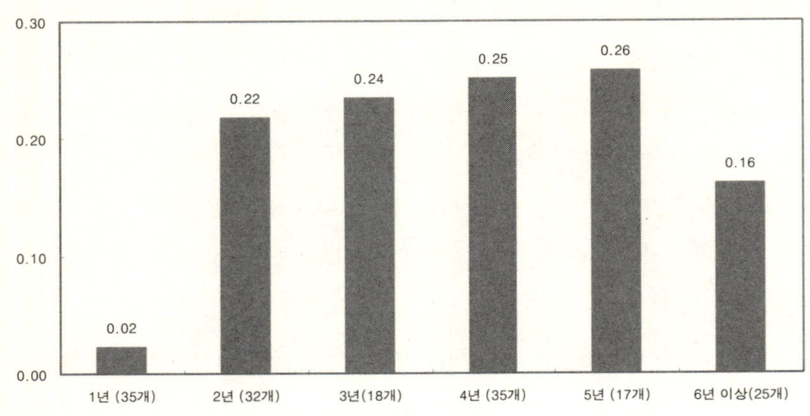

한편 기업형태 면에서는 조사대상 기업의 90%가 독자기업형태로 진출하였으며 이들의 평균 매출이익률은 18% 정도로 합자형태로 진출한 나머지 10% 기업이 보이는 16% 수익률보다 약간 높다.

3. 경영성과의 결정요인[17]

1) 추정모형

매출이익률로 대표되는 투자기업의 경영성과를 결정하는 요인이 무엇인지

---

[17] 본 절의 내용은 지만수 외(2004) 제4장 제2절의 내용을 기초로 한 것임.

<표 5-9> 변수의 기초 통계량

	평균	최대값	최소값
매출이익률(%)	0.181	0.591	-0.473
기업규모 투자액(만 달러)	484	8200	7
인건비비율(매출액 대비)	0.157	1.159	0.004
수출비율(%)	64.908	100	0
한국으로부터의 매입비율(%)	37.716	100	0
자본장비율(만 달러/인)	2.088	27.609	0.008
조업기간(년)	3.259	6	1
독자기업(더미)	0.889	1	0
연계진출(더미)	0.247	1	0

주 : 162개 기업.

를 확인하기 위해, 앞 절에서 도출한 매출이익률을 종속변수로 하고 투자기업의 사업형태를 나타내는 여러 변수를 독립변수로 하는 회귀분석을 실시하였다.

독립변수로는 기업규모, 매출구조, 매입구조, 노동/자본 집약 산업 여부, 투자형태, 투자기간, 대기업과의 연계진출 여부 등을 사용하였다.

먼저 매출액 대비 인건비의 비율(LC)은 투자기업이 얼마나 노동집약적 산업이냐를 보여주는 지표로서 초기에 중국에 진출했던 노동집약적 산업이 어떤 경영성과를 보이고 있느냐를 판단하게 해 준다. 최근 중국의 노동집약적 산업의 경쟁력이 향상되고, 현지 임금이 급등하면서 인건비 비율이 높은 기업은 낮은 수익률을 보일 것으로 기대할 수 있다. 한편 종업원 일인당 자본장비율(CI)은 역시 기업이 얼마나 기술집약적이냐를 보여준다.

기업의 매출 중 수출이 차지하는 비율(Ex)은 기업의 투자동기를 대변한다. 즉 비용절감형 투자의 경우 수출비율이 높고, 중국 내수시장에 대한 시장추구형 투자의 경우 수출비율이 낮을 것이다. 중국에 대한 한국기업의 투자 동기가 비용절감형에서 시장추구형으로 변화하고 있다는 제3장의 발견과, 수출시장이 현지시장에 비해 훨씬 경쟁적이라는 사실을 감안할 때, 수출비율이 높을수록 수익성이 떨어질 가능성이 있다. 나아가 만일 수출비율과 수익성 사이의 음(−)의 상관관계가 발견된다면, 이는 제3장의 투자동기 변화에 대한 결론의 당위성을 재확인하는 결과가 될 것이다.

기업의 매입 중 한국으로부터의 매입비율(ImKo)은 해당 기업이 생산하는 제품의 기술수준을 평가하는 변수로 사용하였다. 한국으로부터의 조달비율이 높다는 것은 그 기업이 생산하는 제품이 비교적 고급 원자재와 부품을 사용하는 제품임을 시사한다. 고부가가치 제품을 생산하는 기업일수록 수익성이 높을 것으로 기대할 수 있다.

조업기간(His)은 기업이 중국의 경영환경에 적응한 정도를 보여준다. 조업기간이 길수록 현지 경영 적응도가 높고 기업의 경영성과가 좋을 것으로 예상할 수 있다. 다만 조업기간이 지나치게 짧은 기업은 정상적인 수익을 올리지 못하고 있을 가능성이 크다. 때문에 본 연구에서는 전체 기업 162개와 함께, 조업기간이 1년인 기업을 제외한 표본(총 127개 기업)에 대해서도 추정을 실시하였다.

독자기업 여부 더미(WhO)는 최근 중국에 대한 투자형태가 급격하게 독자기업으로 바뀌고 있는 상황에서 독자기업과 합자기업 사이에 경영성과의 차이가 있는가를 확인하기 위해 사용하였다.

한편 최근 새로운 투자동기로 부상하고 있는 대기업과의 연계진출이 투자기업의 경영성과와 어떤 관계가 있는지를 확인하기 위하여 연계진출 더미(Rel)를 사용하였다. 이 변수에 대한 추정결과는 대기업과 동반진출하거나 현지에서 한국기업에게 납품하는 것이 기업의 경영성과에 어떤 영향을 끼치고 있는지를 보여줄 것이다. 대기업과의 연계진출을 통해 안정적인 시장과 수익을 확보하고 있다면 수익성과는 양(+)의 상관관계를 보이겠지만, 불평등한 대기업-중소기업 관계가 중국에도 재현되고 있다면 음(−)의 상관관계를 보일 가능성도 있다.

이상의 변수들을 포함한 추정모형은 다음과 같다. 아래 모형에 대해 OLS 추정을 실시하였다.

〈표 5-10〉 변수간의 상관관계

	매출이익률	투자액(log)	인건비비율	수출비율	한국산 매입비율	자본장비율	조업기간	독자	연계
매출이익률	1.00								
투자액(log)	-0.06	1.00							
인건비비율	-0.40	-0.42	1.00						
수출비율	-0.19	-0.18	0.32	1.00					
한국산 매입비율	-0.03	0.15	0.06	0.14	1.00				
자본장비율	-0.02	0.50	-0.24	-0.31	0.06	1.00			
조업기간	0.23	0.13	-0.15	0.10	-0.17	-0.15	1.00		
독자기업	0.03	-0.10	-0.06	0.11	0.08	-0.23	-0.11	1.00	
연계진출	-0.09	0.10	-0.15	-0.41	0.16	-0.02	-0.18	0.11	1.00

$$PS_i = Scal_i + LC_i + Ex_i + ImKo_i + CI_i + His_i + WhO_i + Rel_i + e_i$$

PS : 매출이익률

Scal : 기업규모(투자액. log값)

LC : 인건비비율(인건비 총액/ 매출액)

Ex : 매출액 중 수출의 비율

ImKo : 매입액 중 한국으로부터의 수입 비율

CI : 자본장비율(투자총액/종업원 수)

His : 조업기간

WhO : 독자기업 더미 (독자기업=1)

Rel : 대기업과의 연계진출 더미(연계진출 동기가 있다는 응답=1)

변수에 대한 기초통계와 변수의 상관관계는 〈표 5-10〉과 같다.

2) 추정결과

추정은 매출이익률 추정에 사용한 162개 기업의 자료를 사용하였다(추정 1). 다만 조업기간이 1년에 불과한 기업을 제외한 127개 기업에 대해서도 동일한 추정을 실시하여 결과를 비교하였다(추정 2).

추정결과 자본장비율이나 독자기업에 대한 계수를 제외하고는 유의한 추정 결과를 얻었으며, 추정 1과 추정 2의 결과는 조업기간에 대한 추정결과를 제외하고는 기본적으로 일치한다.

〈표 5-11〉 전체 162개 기업에 대한 추정결과(추정 1)

	계수	표준 오차	t 통계량	P-값
Y 절편	0.471	0.086	5.498	0.000
투자액(log)	-0.042	0.012	-3.541	0.001
인건비비율	-0.653	0.110	-5.912	0.000
수출비율	-0.001	0.000	-2.894	0.004
한국산 매입비율	0.001	0.000	1.985	0.049
자본장비율	-0.002	0.005	-0.378	0.706
조업기간	0.025	0.009	2.774	0.006
독자기업	0.018	0.048	0.377	0.707
연계진출	-0.108	0.039	-2.763	0.006

R-sq=0.31, Adj R-sq=0.28, N=162 F=8.73.

〈표 5-12〉 2년 이상 조업기간을 가진 127개 기업에 대한 추정결과(추정 2)

	계수	표준 오차	t 통계량	P-값
Y 절편	0.5577	0.0812	6.8645	0.0000
투자액(log)	-0.0259	0.0114	-2.2755	0.0247
인건비비율	-0.5295	0.1238	-4.2757	0.0000
수출비율	-0.0014	0.0004	-3.2847	0.0013
한국산 매입비율	0.0012	0.0005	2.5794	0.0111
자본장비율	-0.0070	0.0050	-1.4036	0.1631
조업기간	-0.0040	0.0104	-0.3822	0.7030
독자기업	-0.0262	0.0455	-0.5760	0.5657
연계진출	-0.1475	0.0392	-3.7613	0.0003

R-sq=0.27, Adj R-sq=0.22, N=127 F=5.40.

먼저 노동집약적 산업일수록 수익성이 나쁜 것으로 나타났다. 노동집약도를 표현한다고 할 수 있는 인건비 비율에 대한 추정계수는 유의하게 음(−)으로 나타났다. 인건비 부담이 큰 기업일수록 낮은 수익성이 시달리고 있는 것이다. 이는 중국의 저임금 활용을 목적으로 하는 노동집약적 산업의 중국 이전이 점차 한계에 직면하고 있음을 보여주는 결과라고 해석할 수 있다.

또한 한국기업의 대중투자동기와 관련해서 관련 변수인 매출액 중 수출의 비율은 기업의 수익성과 유의하게 음(−)의 상관관계를 보였다. 즉 중국을 저비용 수출가공기지로 활용하는 기업의 수익성이 더 낮게 나타났다. 이는 제3장에서 확인한 한국기업의 투자동기 변화와도 부합하는 결과이다. 한국기업의 시장추구형 투자가 점차 증가하는 것은 수출에 주력하는 기업보다는 중국 내수시장을 적극적으로 개척하는 기업이 더 높은 수익을 올리고 있다는 사실에 의해서도 뒷받침되고 있는 것이다.

그런데 투자동기와 관련하여 주목할 만한 것은 일반적인 기대와는 달리 대기업과의 연계진출 더미는 수익성과 유의하게 음(−)의 상관관계를 보였다는 사실이다. 이는 대기업과 동반진출하거나 중국 내에서 한국 대기업에 납품하고 있는 기업이 대기업의 납품단가 인하 등의 이유로 인해 오히려 수익성 면에서 어려운 상황에 처해 있음을 시사한다. 실제로 면접조사 과정에서 현지에서 현지 한국 대기업에 납품하고 있는 많은 중소기업이 대기업의 납품 단가 인하 요구나 중국업체와의 납품경쟁으로 인해 어려움에 직면하고 있다고 호소하였다.

기업의 매입 중 한국으로부터의 매입비율은 기업의 매출이익률과 유의한 양(+)의 상관관계를 보였다. 중국산에 비해 상대적으로 고가격일 것으로 예상되는 한국산 원자재와 부품을 사용하는 기업이 오히려 더욱 높은 수익률을 보이고 있다는 사실은, 한국산 부품의 사용이 많은 기업일수록 상대적으로 고기술/고부가가치 제품을 생산하는 기업이고, 이들의 수익성이 더 높다는 의미로 해석할 수 있다. 지금까지 주로 현장에서 느끼는 경험에 의거하여 고기술/고부가가치 산업으로의 투자구조 고도화가 필요하다는 지적이 있어왔으나 실증적으로도 고기술/고부가가치 기업일수록 중국에서 더 높은 수익성을 올리고 있음이 드러난 것이다.

조업기간은 모든 기업을 포함한 추정 1에서는 수익성과 유의하게 양(+)의 상관관계를 보여 조업기간이 길수록 높은 수익성을 올린다는 사실을 보여주었으나, 조업 1년차 기업을 제외한 추정 2에서는 더 이상 유의한 상관관계를 보여주지 않았다. 이것이 의미하는 바는, 조업기간에 따른 학습효과가 진출 첫 1년에 집중되며, 진출 2년차부터는 조업기간에 따른 경영성과의 차이가 뚜렷하게 나타나지 않는다는 것이다.[18]

3) 투자전략에 대한 시사점

개별기업 입장에서 볼 때는 기업의 성과는 그 기업이 채택한 전략의 결과라고 할 수 있다. 그러나 대중투자기업 전체로 볼 때, 또 장기적으로 볼 때 대중투자기업이 보여주는 성과는 현재 중국에 투자하고 있거나 향후 중국에 투자하려는 기업의 투자전략에 거꾸로 영향을 끼치게 된다. 일종의 되먹임(feed back)이 작용하는 것이다.

앞에서 대중투자기업의 경영성과에 영향을 미치는 결정요인에 대한 분석에 따르면, 저임금에 덜 의존하는 기업일수록, 내수시장에 더 진출한 기업일수록, 고부가가치 제품을 생산하는 기업일수록 경영성과가 더 좋은 것으로 나타났다. 또한 동반진출이 높은 수익성을 보장해 주지 않는 것으로 나타났다.

이러한 분석결과가 의미하는 것은 첫째, 향후 대중투자기업의 전략은 저임금 노동력에 대한 의존을 줄이고, 적극적으로 내수시장을 개척하며, 고부가가치

---

18 그 밖에 자본장비율이나 독자기업 변수는 유의한 상관을 보이지 않았다.

제품의 생산에 주력하고, 대기업 납품을 위해 진출한 기업도 적극적으로 제3의 매출처를 탐색해야만 수익을 올릴 수 있다는 것이다.

앞서 투자환경의 변화에서 검토한 것처럼 중국의 저임금 매력이 여전하기는 하지만 2000년대 들어 매년 10% 이상의 빠른 임금상승이 나타나고 있다. 또한 새로운 사회보장 제도가 구축됨에 따라 각종 사회보장비용의 부담이 커지고 있다. 따라서 저임금을 활용한 비용절감이 주는 매력은 점차 줄어들게 될 것이다.

또한 시장 면에서도 내수시장 진출은 특히 중소기업에게는 여전히 어려운 과제이고 외국기업의 경우 중국을 수출기지로 활용하는 비율이 최근 오히려 더 커지고 있는 것이 현실이기는 하다. 하지만 글로벌 수출시장은 일종의 완전경쟁 시장이고, 많은 기업이 이미 중국의 저렴한 생산비용을 활용하고 있기 때문에 중국을 생산기지로 해서 해외시장을 개척하는 사업 모델은 앞으로 더욱 더 치열한 경쟁에 직면하게 될 것이다.

따라서 중국이 세계적인 조립산업 기지로 변모하고 있는 상황을 이용해서 중국 내에서 이러한 수출기업에게 원자재나 부품을 공급하는 형태로 내수시장을 개척하는 것이 직접 수출시장에서 경쟁하는 것보다 상대적으로 높은 수익성을 확보해 줄 수 있는 방안이 될 가능성이 크다.

또한 경쟁환경 면에서 중국기업이 하루가 다르게 성장하고, 많은 외자기업이 중국에 이미 투자하고 있는 상황에서 고부가가치 제품 생산을 통해 경쟁력을 차별화하지 않으면 중국시장에서 높은 수익을 올리기는 어려워지고 있다.

앞으로 더욱 증가할 것으로 생각되는 대기업과의 동반진출의 경우 기대와는 달리 높은 수익성을 얻기는 어려운 상황이다. 중국 내에서 수요독점적인 존재인 동반진출 대기업에만 매출처를 의존한다면 장기적으로 가격협상력이 저하될 수밖에 없다. 특히 중국시장의 경쟁이 강화되면서 동반진출한 대기업이 끊임없이 원가절감 압력에 시달리게 되면 납품업체에 대해서도 납품가격 인하 압력이 거세질 수밖에 없다. 따라서 비록 대기업 납품을 위해서 중국에 동반 투자한 경우에도

상대적으로 우수한 기술력 등을 활용하여 현지에서 지속적으로 새로운 고객을 발
굴함으로써 사업기반을 확대하고 고객에 대한 협상력도 제고할 필요가 있다.

제6장

결 론

1. 대중투자의 변화와 글로벌 생산 네트워크

1) 현황, 특징, 동기, 성과

한국기업의 대중투자는 매우 중요한 현상이다. 대중투자는 한국기업의 국제화에 있어 가장 중요한 부분을 차지하고 있다. 또한 중국은 글로벌 생산 네트워크의 허브로 떠오르고 있는데, 한국기업들은 대중투자를 통해 이를 가장 잘 활용하고 있다. 즉 한국기업의 대중투자는 한국기업의 국제화라는 측면에서나 글로벌 생산 네트워크의 활용이라는 세계적 흐름이라는 측면에서 매우 주목받아 마땅한 현상이자 이슈이다.

한국의 대중투자는 1992년 양국 간 수교와 동시에 빠르게 증가하기 시작했다. 이후 1990년대 후반 한국의 경제위기를 계기로 투자가 잠시 위축되었으나 2001년 중국의 WTO 가입을 전후하여 다시 크게 늘어나기 시작했다. 그 결과 한국의 대중투자 누계는 2007년 3월까지 16,426건 178억 달러에 달했다. 현지 재투자나 소규모 투자까지 포함하는 중국 측의 통계로는 2006년까지의 투자 누계가 349억 달러에 달한다. 2007년 3월 현재 중국은 한국기업이 가장 많이 투자한 나라이다. 동시에 중국에 투자한 각국 중에서도 한국은 미국, 일본, 싱가포르 다음으로 많은 투자를 기록하고 있다.

그런데 중국에 투자하는 한국기업 중에서 제조업은 압도적인 비율을 차지한다. 2007년 3월까지 전체 누계의 83.9%에 달한다. 반면 중국 이외의 지역에 대한 한국의 해외투자에서 제조업이 차지하는 비율은 42.4%에 불과하다. 중국의 WTO 가입과 함께 서비스 산업에 대한 투자가 개방되면서 한국의 대중투자에서 제조업이 차지하는 비율은 약간 줄었으나 여전히 80% 이상의 높은 수준을 유지한다.

제조업 투자의 비율이 높은 이유는 한국기업들이 중국이 가진 세계 제조업 조립 허브로서의 특징을 적극 활용하고 있기 때문이다. 즉 중국의 연해지역은 개혁개방 이후 수출지향형 외자유치를 통해 세계 제조업의 중요한 조립 허브가 되었다. 2005년 중국에 대한 각국의 투자 가운데 제조업이 차지하는 비율은 70.4%에 달한다. 즉 한국기업의 대중투자에서 제조업이 차지하는 비율이 상대적으로 높은 것은 중국이 세계의 제조업 센터가 되고 있고 한국기업들이 그 제조업 센터에서 형성되는 새로운 분업구조에 적극 참여하고 있기 때문이다.

한편 제조업 가운데 섬유의복 등 가치사슬이 짧은 업종의 투자가 차지하는 비율은 크게 줄어든 반면, 전자통신, 수송기계 등 가치사슬이 긴 업종의 투자 비율은 늘어났다. 1993년 대중투자의 1/3을 차지했던 섬유의복 업종에 대한 투자의 비율은 2006년 6.3%로 크게 줄어들었다. 반면 1993년 10.1%에 불과했던 전자통신장비 업종의 비율은 2006년 37%까지 늘어났다. 또한 수송기계 업종의 투자도 2006년 17.5%에 달한다.

투자의 주체나 규모 면에서는 중소기업의 비율이 높고 건당 투자규모는 상대적으로 작다. 대중투자에서 중소기업이 차지하는 비율은 2007년 3월까지의 투자액 누계기준으로 43.7%에 달한다(비중국투자에서는 21.3%). 건당 투자규모도 한국의 기타 지역에 대한 투자나, 중국에 대한 다른 각국의 평균 투자규모에 비해 작다.

이는 대중투자의 경우 해외투자에 필요한 글로벌 경영 능력 등의 각종 문턱이 상대적으로 낮았기 때문이다. 특히 한국과 중국은 지리적/문화적으로 인접해 있고 중국에는 200만에 달하는 재중교포가 거주하고 있다. 덕분에 해외경영 능력이 부족한 중소기업이라도 중국에 대해서는 활발하게 소규모 투자를 할 수 있었다. 덧붙여 노동집약적 산업에 종사하는 규모가 작은 중소기업일수록 중국이 갖고 있는 저임금 경쟁력에 더 큰 매력을 느낀 것도 중요한 요인이 된다. 2000년대 들어서는 대중투자 가운데 중소기업의 비율은 조금씩 줄고 있고 투자규모도 점차 커지고 있다.

지역별로는 한국과 인접한 산둥성, 장쑤성, 베이징, 톈진 지역으로 투자가 많은 편이다. 2007년 3월까지 위 4개 지역에 대한 투자누계의 비율은 전체의 67.9%에 달한다. 반면 중국에 대한 각국의 투자의 1/3 정도가 집중되어 온 광둥성에 대한 투자누계는 4.1%로 상대적으로 매우 작다. 최근에는 장쑤성을 중심으로 상하이 등 창장 삼각주 지역에 대한 투자가 늘어나고 있다. 특히 한국기업들은 일찍부터 산둥성에 대한 투자를 선도하였다. 최근 이 지역에 대한 세계 각국의 투자가 늘어나고 있다.

한국기업이 중국에 투자하기로 결정하게 된 동기는 크게 보면 시장지향, 비용절감, 동반진출 등 세 가지라고 말할 수 있다. 즉 성장하는 중국시장에 진입하기 위한 투자, 중국이 가진 저렴한 노동력 등 비용경쟁력을 활용하기 위한 투자, 관련업체의 중국진출에 따른 동반투자 등이 한국기업이 중국에 투자하게 되는 중요한 동기이다.

투자동기를 묻는 설문조사 결과나 중국에 투자한 기업의 매출구조에 대한 분석을 통해 보면 한국기업의 대중투자는 비용절감형 투자에서 점차 시장지향형 투자로 옮겨가고 있으며 동반진출형 투자도 최근 늘어나고 있다. 성(省)별 투자 통계를 활용한 투자동기 변화에 대한 계량적 분석 결과도 비용절감형 투자에서 시장지향형 투자로의 변화를 뒷받침하고 있다.

그러나 기업의 규모가 클수록 시장지향형 투자가 많고, 그 결과 중국 내수 매출 비율이 더 높을 것이라는 통념이 있으나, 실상은 좀 더 복잡한 것으로 나타났다. 즉 투자규모 1,000만 달러 이상의 대규모 투자의 경우 중국 내 현지매출의 비율이 뚜렷하게 높았으나, 그 이하 규모에서는 대기업 현지법인보다 중소기업 현지법인의 중국 내수시장 매출비율이 더 높은 것으로 나타났다.

또한 대체로 중국 내수시장을 보다 중시하고 내수시장 매출을 늘리고 있는 한국과는 달리, 세계적인 추세는 중국을 시장으로서보다는 수출형 생산기지로 활용하는 것이다. 즉 최근 중국시장의 급성장과 임금의 빠른 상승에도 불구하고 2000년 이후 중국에 진출한 외자기업의 매출에서 수출이 차지하는 비율이 더 늘어나고 있다. 즉 중국은 여전히 '시장'으로서보다는 '공장'으로서 세계 각국의 투자자를 유인하고 있는 것이다.

대중투자기업의 경영성과에 대해서는 다양한 조사결과가 제시되고 있다. 이를 정확히 파악하기는 어려우나, 대체로 절반 정도의 기업들이 성공적인 경영을 하고 있는 것으로 나타난다. 2004년 중국에 투자한 298개 기업에 대한 조사를 토대로 개별기업의 매출이익률을 추정한 결과 평균 18% 정도로 나타났다.

이를 토대로 개별 투자기업의 경영성과와 기업의 특성 및 경영전략 사이의 관계를 분석한 결과, 업종별로는 의복모피, 섬유제품, 가구 등 노동집약적 업종의 경영성과가 상대적으로 나빴다. 투자규모별로는 대체로 투자규모가 클수록 매출이익률이 떨어지는 양상을 보였다. 또 투자지역별로는 산둥성이나 베이징/톈진 지역에 투자한 기업의 경영성과가 비교적 좋았다. 매출 면에서는 내수시장 매출이 많을수록, 매입 면에서는 현지 조달 비율이 높을수록 더 매출이익률이 높은 경향을 보였다. 한편 대기업과 동반진출한 경우 매출이익률이 오히려 낮았다. 이들 변수를 활용한 계량적 분석 결과도 이와 같은 발견을 대체로 뒷받침하였다.

2) 성공적인 중국 활용

이상의 결과가 의미하는 것은 무엇보다 우선 한국기업들이 중국이 주는 투자

기회를 매우 적극적으로 활용하여 왔다는 것이다. 즉 한국기업은 1992년 수교 이후 적극적으로 대중투자를 실행하여 현재 일본과 매년 대중투자 1,2위를 다투고 있다. 중국이 세계 3위의 거대시장이자 글로벌 생산 네트워크의 허브로 변모하는 과정에 성공적으로 동참한 것이다.

삼성, 포스코, 현대, CJ, LG 등 글로벌 브랜드를 갖춘 대기업은 중국 소비자를 상대로 한 내수시장에서 브랜드를 구축하는 데 성공하였다. 또한 2005년 중국의 100대 수출기업 가운데 10개 기업이 중국에 투자한 한국기업일 정도로 중국을 생산기지로 활용하는 데 있어서도 성공적이다. 다른 한편 전자통신이나 섬유의복 등 노동집약적 공정을 많이 포함하는 업종의 많은 중소기업이 대중투자를 통해 국제경쟁력을 강화하여 왔다.

한국기업의 대중투자는 중국의 외국인투자 전반에도 적지 않은 영향을 끼치고 있다. 한국은 누계기준으로 미국, 일본, 싱가포르 등에 이어 4위의 투자국이고, 2004년 이후에는 일본과 함께 대중투자 1위를 다투는 대규모 투자국으로 부상하였다. 한국기업의 초기 투자가 집중되었던 산둥성 지역의 경우 2000년대 들어 외자기업의 투자가 활발해졌다. 산둥성은 광둥성과 장쑤성 다음으로 주목받는 외국인 투자의 거점이 되었다.

3) 변화에 대한 기존의 해석 : '시장'과 '고도화'

한국기업의 대중투자의 양상은 중국의 투자환경 변화 및 글로벌 생산 네트워크의 심화에 발맞추어 끊임없이 변화하고 있다. 한국기업의 대중투자가 보이는 중요한 변화를 다음과 같이 요약할 수 있다.

① 산업별로 80% 이상의 높은 제조업 비율을 유지하는 속에서 2000년대 들어 도소매업 진출도 늘어나고 있다.
② 업종별로 전자통신, 자동차 등 조립 업종이 새로운 주요 투자 업종으로 부상했으며, 섬

유의복이나 가구 등 단순한 가공 업종의 비율은 줄어들었다.

③ 주체와 규모 면에서 중소기업의 소규모 투자가 여전히 높은 비율을 차지하고 있으나, 점차 대기업의 투자비율이 커지고 건당 투자규모도 늘어나는 추세이다.

④ 지역 면에서 일부 한국과 인접한 연해 지역에 대한 투자 편중 현상이 유지되고 있는데, 최근 그중 장쑤성에 대한 투자가 늘어나고 있다.

⑤ 중국 내수시장 매출의 비율이 늘어나는 한편 조달 면에서도 중국시장 내에서의 원자재/부품 조달이 늘어나고 있다.

이러한 변화는 대체적으로 ① 비용절감형 투자에서 시장지향형 투자로의 변화와 ② 규모 및 업종 면에서 투자의 고도화를 반영하는 것으로 해석되어 왔다.

투자환경의 변화가 이러한 변화의 필요성을 뒷받침한다. 최근 중국의 임금이 빠르게 오르면서 노동비용 측면에서는 비용절감형 투자의 매력이 떨어지고 있는 반면, 내수시장이 빠르게 성장하여 시장지향형 투자의 매력이 커지고 있기 때문이다.

동시에 중국 경제의 전반적인 산업수준과 기술수준이 높아지면서 단순 가공 업종의 외자기업은 중국에서 경쟁하기 힘들어지고 있다. 이에 따라 외국인투자 역시 규모를 키우고, 고부가가치 업종으로 나아가며, 연구개발 활동을 강화하는 등 여러 면에서 스스로를 고도화하지 않으면 안 되는 상황이다.

위에서 요약한 한국기업의 대중투자의 변화 방향도 지금까지 이러한 관점에서 해석되어 왔다. 예를 들어 시장지향형 투자로의 변화는 무엇보다 중국 내 매출의 비율이 빠르게 커지고 있다는 사실에서 확인된다(1,000만 달러 이상 대규모 투자기업의 경우). 투자구조의 고도화는 우선 대중투자의 평균규모가 커지고 있고, 고부가가치 업종이라고 할 수 있는 전자 및 자동차 업종의 비율이 커져서 전체 제조업 대중투자의 50% 이상을 점하는 데서 확인된다.

그렇지만 한편으로는 시장지향형 투자의 증가 및 투자 업종의 고도화만으로는 설명되지 않는 변화가 관찰되고 있다. 예를 들어 특히 2004년 이후의 각종 조사에서는 중국 현지매출 비율이 늘어나고 있는지 분명히 확인되지 않는다. 즉

2004년 이후에는 현지 매출의 비율이 50% 선에서 정체되어 있는 것으로 나타난다. 또 시장지향형 투자가 늘어나게 되면 시장에 더 밀착하기 위해 투자가 지역적으로 분산될 것을 기대할 수 있다. 그러나 그러한 현상은 발견되지 않는다.

투자의 고도화 면에서도 한국기업의 대중투자의 건당 평균 투자규모가 2000년대 들어 커지고 있지만, 상대적인 규모는 오히려 더 작아지고 있다. 같은 기간 각국 대중투자의 평균 규모가 더욱 빨리 커졌기 때문이다. 한국기업의 평균 규모는 다른 나라 기업의 1/3 수준에 불과하고 그 격차도 2000년대 들어 오히려 더 커졌다.

한편 세계 각국의 중국에 대한 투자의 변화를 보면 2000년대 들어 ① WTO 가입에 따른 서비스 산업에 대한 개방에도 불구하고 제조업이 차지하는 비율이 더 커지고, ② 건당 투자규모가 급증하고 ③ 매출 가운데 수출이 차지하는 비율이 커지고, ④ 지역적으로 연해지역에 투자가 집중되는 현상이 지속되는 등의 특징이 발견된다.

그런데 여기에서 시장지향형 투자로의 변화는 나타나지 않는다. 반대로 중국에 투자한 외자기업의 매출은 시장지향형 투자와는 다른 방향으로 움직이고 있다. 즉 산출 중에서 수출이 차지하는 비율이 2000년대 들어 뚜렷하게 다시 높아지고 있다. 시장지향형 투자로의 변화가 나타나기보다는 생산기지로서의 활용이 더 강화되고 있는 것이다.

따라서 한국기업 대중투자의 변화를 해석하는 데도 시장지향형 투자의 강화나 투자의 고도화 등의 방향 말고도 한국의 대중투자가 보여주는 변화와 외자기업의 대중투자에서 나타나는 변화까지 포괄할 수 있는 새로운 해석이 필요하다.

4) 변화에 대한 새로운 해석 : 글로벌 생산 네트워크

최근 한국이나 각국의 대중투자가 보여주는 변화를 해석하기 위해 도입되어

야 할 (추가적인) 관점은 글로벌 생산 네트워크의 허브 혹은 새로운 '세계의 공장'
으로서 중국의 역할이 커지고 있다는 점이다. 고도화된 수출기지로서 중국의 중
요성이 더 커지고 있다는 얘기다.

실제로 외자기업의 건당 투자규모가 급증하고 있다. 매출 중에서 수출이 차
지하는 비율도 커지고 있다. 또 WTO 가입에 따른 서비스 시장의 개방에도 불구
하고 제조업에 대한 투자의 비율이 높게 유지되고 있다. 수출에 유리한 연해지역
에 대한 투자 집중도 해소되지 않고 있다. 이는 모두 제조업 수출기지로서의 중국
의 중요성이 전혀 줄지 않을 뿐 아니라 더욱 커지고 있음을 뒷받침한다.

한국기업의 대중투자에서 나타나는 변화도 중국을 매개로 한 글로벌 생산 네
트워크의 형성이라는 관점에서 재해석해 볼 수 있다. 그 네트워크는 중국을 거대
한 제조업 수출기지(세계의 공장)로 만들고 있다. 외자기업 대중투자가 보여주는
2000년대 이후의 변화가 그 네트워크의 전체적인 성격을 보여준다면, 한국기업
이 대중투자가 보여주는 특징은 그 네트워크 속에서 한국기업이 주로 수행하는
역할을 보여준다.

첫째, 한국기업의 내수시장 매출 비율이 늘어나고 있다. 그런데 한국기업의
내수시장 매출은 소비자 내수시장이 아니라 생산자 내수시장을 향하고 있다. 즉
대중투자에서 시장지향형 투자가 강화된다는 것은 중국의 소비시장을 지향하는
투자가 늘어난다는 의미가 아니다. 중국 내수소비 시장을 타깃으로 하는 '순수한'
시장지향형 투자는 글로벌 브랜드를 갖춘 일부 대기업에만 한정된 얘기다.

중국 내에서 글로벌 생산 네트워크가 형성되면서 그 네트워크의 가치사슬에
원자재나 부품을 공급하는 생산재 내수시장의 중요성이 점점 커진다. 많은 한국
기업의 내수시장 매출은 중국의 수출산업이 필요로 하는 원자재와 부품을 중국
에 소재한 조립업체에게 공급하는 것이다. 그런 의미에서 최종적으로 내수시장
매출의 대상이 되는 시장은 중국시장이 아니라 완성품의 판매가 이루어지는 수
출시장이라고 할 수 있다.

둘째, 한국의 대중투자의 업종 고도화 역시 글로벌 생산 네트워크의 발전을 반영한다. 투자 업종의 고도화란 다른 시각에서 보면 가치사슬이 긴 업종에서의 투자가 늘어나는 것이다. 가치사슬이 긴 업종일수록 글로벌 생산 네트워크의 발전에 따른 국제적 분업이 심화된다.

가령 한국의 대중투자의 비율이 늘어나고 있는 전자통신이나 수송기계 업종은 다층적인 수직적 분업구조를 갖고 있는 대표적인 조립 산업이다. 전방과 후방으로 연관 효과도 크다. 동시에 노동집약적 조립공정도 많이 포함하고 있다. 그런 의미에서 섬유, 의류, 피혁, 가구 등과 같이 원자재에 대한 직접적인 노동집약적 가공공정을 거쳐 곧바로 완성품이 생산되는 단순 조립가공 산업과는 다르다. 이들 산업은 다층적인 가공, 조립, 부품조달, 조립의 연계를 반영하는 복잡한 매출/매입 관계를 통해 다층적인 생산 네트워크를 형성한다. 한국의 대중투자에서 이들 업종에서의 투자가 늘어나고 있다는 것은 한국기업이 중국을 매개로 형성되는 글로벌 생산 네트워크에 더 깊이 편입되고 있다는 것을 시사한다.

이렇게 보면 중국에 진출한 외자기업의 매출에서 수출의 비율이 커지고 있는 가운데, 한국기업의 경우에는 반대로 내수매출의 비율이 커지고 있는 현상도 설명될 수 있다. 즉 중국 전체로 보면 글로벌 생산 네트워크의 가치사슬 속에서 최종 조립자의 역할을 하는 중국 내 외자기업의 매출에서 수출의 비율이 커지고 있다. 그런데 한국기업들은 중국 내에 형성된 분업구조 속에서 상대적으로 가치사슬의 상류를 차지하고 최종재의 생산에 필요한 원자재나 부품을 공급하고 있다. 때문에 중국이 세계의 공장으로서 더욱 수출지향적으로 변모할수록, 중국에 투자한 한국기업들의 매출에서는 내수(생산자) 시장이 차지하는 비율이 오히려 높아지는 것이다.[1]

---

1 한국기업의 대중투자의 규모가 상대적으로 작고, 중소기업의 비율이 큰 것도, 한국기업이 최종 조립공정이 아니라 부품 공급 기능을 주로 담당하고 있다는 데서 일부 설명될 수 있다.

글로벌 생산 네트워크의 형성은 결과적으로 시장지향 혹은 비용절감으로 해외투자를 설명하는 지금까지의 관점을 변화시킨다. 앞에서 살펴본 것처럼 생산자(를 고객으로 하는) 내수시장의 중요성이 커짐에 따라 이제 해외투자 기업의 매출이 현지시장이냐 수출시장이냐 하는 것은 큰 의미가 없어졌다.

뿐만 아니라 전통적인 비용절감형 투자의 내용에도 큰 변화를 가져온다. 즉 글로벌 생산 네트워크의 형성이 저렴한 노동력이나 토지 말고도 새로운 비용절감 요소를 형성하는 것이다. 그것은 산업 입지의 측면에서 보면 집적(clustering)의 이익이라고 부를 수도 있고, 네트워크 형성이라는 측면에서 보면 네트워크 외부성(externality)의 형성이라고 부를 수도 있다.

과거에는 비용절감형 투자는 주로 중국의 저렴한 생산요소를 개별기업 차원에서 발굴하여 활용하는 형태였다. 그러나 일단 창장 삼각주, 주장 삼각주, 징진탕(京津塘, 베이징/톈진 일대) 지역 등에 외자기업의 대규모 집적이 일어나고, 세계적 분업구조를 반영하는 글로벌 생산 네트워크의 허브가 형성되면서 새로운 변화가 생겼다. 즉 이들 지역에서 풍부한 숙련 노동자, 효율적인 제도 환경, 저렴한 부품, 원활한 적기조달(just in time) 등 다양한 새로운 비용절감 요소가 형성되기 시작한 것이다.

이러한 새로운 비용절감 요소들이 기업의 투자결정에 미친 영향을 직접 수량적으로 측정하기는 어렵다. 그렇지만 연해지역의 급격한 임금상승에도 불구하고 중국에 대한 외자기업이나 한국기업의 투자가 여전히 분산되지 않고 연해 일부 지역에 집중되는 현상은 바로 이러한 집적의 이익 혹은 네트워크의 외부성이 작용하고 있음을 보여주는 하나의 현상이다. 한국의 대중투자기업의 경우 한국기업의 집적이 비교적 오래전부터 이루어진 산둥성 및 베이징/톈진 지역에 투자한 기업의 수익성이 가장 높은 것으로 나타나고 있는데 이 역시 저렴한 노동력 외에 새로운 비용절감의 원천이 이들 지역에서 형성되고 있음을 시사한다.

또 하나의 중요한 투자동기인 동반진출형 투자는 그 자체가 하나의 수직적 네트워크의 형성을 의미하는 것으로 새로운 해석이 필요하지 않다. 글로벌 생산 네트워크의 형성과정의 일환인 것이다.

2. 대중투자의 향후 전망과 시사점

1) 변화의 지점과 지속의 지점

앞으로 대중투자가 어떠한 방향으로 변화할 것이냐에 관한 널리 받아들여지는 몇 가지 예측이 있다. 예를 들면 다음과 같다. 우선 투자의 동기 면에서는 비용절감보다는 시장활용이 더 중요해질 것이다. 산업별로는 제조업의 비율이 줄고 서비스업의 비율이 커질 것이다. 업종별로는 고부가가치 업종으로의 변화가 지속될 것이다. 주체나 규모 면에서 점차 대기업에 의한 대규모 투자로 변화할 것이다. 지역적으로는 창장 삼각주 등 새로운 내수 거점으로의 투자가 늘어날 것이다.

이러한 예측은 과거의 추세가 지속되고 심화될 것이라는 예상에 기초한 것이다. 예를 들어 최근 수년간 건당 투자규모가 커지고 있으니까 앞으로도 커질 것이라고 예측하는 것이다.

그렇지만 한국의 대중투자 과정에서 장기적이고 뚜렷한 추세가 발견되는 것은 아니다. 즉 1990년대 후반 한국의 경제위기를 경계로 한국기업의 대중투자는 업종, 주체, 규모, 지역 등 거의 모든 측면에서 기존의 추세와 한 차례 단절되었다. 따라서 대중투자의 미래에 대한 앞에 열거한 예측은 사실상 2000년대 이후에 새롭게 나타난 추세에 의존하고 있다.

그런데 2000년 이후 대중투자의 변화과정은 실제로는 중국에서 형성되기 시작한 글로벌 생산 네트워크의 허브에 한국기업이 적응하는 과정이었다. 즉 대중투자가 보여주는 변화는 단순한 개별기업들의 의사결정의 우연한 추세가 아니라 글로벌 생산 네트워크 형성과정의 일부라는 것이다. 이러한 시각에서 본다면 지금 관찰되는 '추세적' 변화 가운데 어떤 변화는 앞으로도 계속될 것이고, 어떤 변화는 지속되지 않을 것인지를 구별해 볼 수 있다. 또 그 변화가 구체적으로 어떻게 나타날지에 관해서도 예측해 볼 수 있다.

첫째, 투자동기 면에서 시장지향형 투자는 점점 더 늘어날 것이다. 그러나 이는 전통적 의미에서 수평적 시장 확대를 위한 투자가 아니라, 생산과정의 수직적 통합이 중국에서 진행되는 과정에서(글로벌 생산 네트워크의 형성) 중국시장 내에서 원자재나 부품 기업의 생산활동(과 매출)이 이루어진다는 의미에 더 가깝다. 수직적 생산통합이 중국시장 내의 매입과 매출을 통해서 이루어지기 때문에 개별기업의 입장에서는 중국 내수시장을 향한 시장지향형 투자가 되는 것이다. 앞으로는 시장지향적 동기의 투자와 비용절감형 투자의 구별도 모호해질 것이다.

때문에 비록 한국기업이 중국에 대한 시장지향형 투자가(내수 매출이) 계속 늘어나더라도 실제로 중국 소비자와 직접 접촉하는 한국기업은 별로 늘어나지 않을 것이다. 즉 중국 소비자 내수시장에 대한 매출의 확대는 이미 글로벌 소비 브랜드를 구축한 일부 대기업으로 제한될 것이다.

둘째, 제조업의 비율은 상당기간 높게 유지될 것이다. 2003년 이후 한국의 대중투자에서 제조업의 비율이 떨어지고 있다. 반면 도소매업을 중심으로 서비스산업에 대한 투자의 비율이 높아졌다. 여기에는 중국의 WTO 가입에 따른 시장개방이 중요한 역할을 했다.

그러나 이러한 현상은 대중투자의 일반적인 추세는 아니다. 각국의 대중투자에서 제조업이 차지하는 비율은 2005년까지도 오히려 늘어나고 있다. 중국이 글로벌 생산 네트워크 속에서 제조업의 세계적 생산기지로 부상하고 있기 때문이다. 한국기업의 대중투자도 이러한 세계적 흐름을 거스르기 어렵다.

따라서 제조업에 대한 투자비율은 계속 높은 수준을 유지할 것이다. 비록 개방되는 중국의 서비스 산업에 대한 투자가 약간 더 늘어나기는 하겠지만 제조업 중심의 대중투자라는 특징은 유지될 것이다.

셋째, 중소기업의 대중투자는 상당기간 지속될 가능성이 크다. 2000년대 들어 대중투자에서 중소기업의 투자가 점하는 비율은 줄고, 건당 투자규모는 커지고 있다. 그렇지만 중소기업 투자의 비율은 계속 줄기는 어렵다.

우선 한국기업의 해외투자 전체에서 중소기업이 차지하는 비율이 꾸준히 늘고 있다. 중소기업의 해외투자 능력이 갈수록 향상되고 있다는 의미다. 또한 중국에서 형성되고 있는 글로벌 생산 네트워크 내에서의 한국은 일부 글로벌 대기업을 제외하고는 최종 조립 분야를 담당하기보다는 원자재와 부품의 공급 분야를 담당하고 있다. 따라서 소재가공 및 부품분야의 중소기업들의 대중투자는 상당기간 지속될 것이다. 한국의 대중투자에서 중소기업이 차지하는 비율도 상당기간 높게 유지될 전망이다.

넷째, 건당 투자규모의 증가추세는 지속될 것이다. 무엇보다 중국에 투자하는 외자기업 전체의 규모가 갈수록 커지는 추세이다. 특히 2000년대 들어 투자규모가 커지고 있다. 이는 중국 내 외자기업의 생산업종이 더 자본집약적으로 변하는 데 따른 필연적인 현상이다. 그런 의미에서 평균 투자규모의 대형화는 지속될 것이다. 그렇지만 규모의 확대가 자본집약화와 동시에 이루어지기 때문에 투자규모가 커지는 데 비례해서 고용규모도 커지는 것은 아니다.

다섯째, 대중투자의 지역 분포의 변화 폭은 크지 않을 것이다. 글로벌 생산 네트워크의 거점이 형성된 기존의 투자지역에 계속 투자가 집적될 수밖에 없기 때문이다. 내륙 지역 등으로의 투자지역 다변화는 2000년대 이후의 한국기업의 추세에서도 거의 나타나지 않을 뿐 아니라, 각국 기업의 투자 추세에서도 나타나지 않는다. 즉 연해지역 중심의 투자가 다른 지역으로 다변화할 가능성은 크지 않다.

다만 연해지역 내에서의 분포는 2000년대 들어 한국기업의 장쑤성 지역에 대한 투자가 크게 늘어나는 등 조금씩 변하고 있다. 앞으로 한국기업의 대중투자는 대체로 3개의 클러스터, 즉 산둥성, 창장 삼각주, 베이징/톈진 등 지역으로 계속 집중될 것이다. 이들 지역 간에 약간의 비율변화는 있겠지만 1990년대 동북 3성에 대한 투자가 크게 줄어든 것처럼 갑자기 쇠퇴하는 일은 없을 것이다. 특히 산둥성 지역은 이제 한국기업의 중요한 투자입지일 뿐 아니라, 다른 각국 기업도 주목하는 중요한 생산기지가 되고 있어 중요한 투자입지로서의 역할을 유지할 것이다. 한편 중국의 3대 제조업 클러스터임에도 불구하고 한국기업의 투자가 상대적으로 지체된 주장 삼각주 지역에 대한 투자는 급증하기는 어려우나 지금보다는 더 늘어날 가능성이 있다.

2) 새로운 대중투자 전략

한국기업의 대중투자는 2002년 이후 제2의 급증기를 이어가고 있다. 2006년에만 33억 달러의 신규투자가 이루어졌을 뿐 아니라, 그 동안의 투자 누계가 178억 달러에 달한다. 즉 매년 수 천 개의 한국기업이 새로 중국에 투자하고 있고, 2만개가 넘는 한국기업이 현재 중국에서 사업하고 있다. 지금까지 살펴 본 대중투자의 현황, 특징, 동기, 성과, 변화 등은 이들 기업에게 중요한 참고가 된다.

한국기업이 유의해야 할 가장 기본적인 사실은 최근 대중투자가 크게 늘어나고 있다는 점이다. 그런데 최근 중국에 투자한 한국기업들의 상당수가 치열한 경쟁으로 경영상의 어려움에 직면해 있다거나, 중국의 외자유치 정책이 엄격해지고 있다거나, 중국의 임금 상승으로 베트남이나 인도와 같은 대체 투자지가 각광받고 있다는 얘기도 있다.

그러나 기업들이 실제 행동이 보여주는 바는 그 반대이다. 대중투자는 급증하고 있다. 이는 많은 기업이 현재 중국에 대한 투자의 전망을 좋게 보고 있다는 뜻이다. 기업이 중국에서 더 많은 기회와 시장을 발견하고 있고, 투자한 기업이 긍정적인 성과를 보여주고 있기 때문에 투자가 늘어나고 있는 것이다.

물론 많은 기업들이 중국 투자에 실패하거나, 중국 사업을 접고 다른 나라로 이전하거나, 중국의 정책변화 때문에 어려움을 겪고 있는 것은 부정할 수 없는 사실이다. 그렇지만 개별적인 어려움에도 불구하고 한국의 해외투자 통계가 보여주고 있는 전반적인 실상은, 더 많은 기업들이 더 많은 돈을 중국에 투자하고 있다는 것이다.

한편 이 책에서의 다양한 검토를 통해 강조하고 있는 글로벌 생산 네트워크의 심화와 동북아에서의 새로운 국제 분업 구조의 형성이 중국에 대한 투자 전략에 미치는 영향에 주목할 필요가 있다. 글로벌 생산 네트워크의 형성은 대중투자에 대한 지금까지의 통념을 바꿀 것을 요구한다.

첫째, 중국의 거대시장 진출에 관한 인식을 바꾸어야 한다. 최근 중국이 세계 3대 경제로 성장하고 중산층이 두터워지는 등 시장 환경이 개선되고 있다. 반면 노동비용이 상승하고, 에너지 다소비/환경오염형 가공무역에 대한 제한이 강화되고, 외자기업의 세금부담이 늘어나는 등 생산기지로서의 비용부담은 더 커지고 있다. 때문에 한국기업들도 앞으로 적극적으로 중국 내수시장을 개척해야 한다는 다양한 주장이 나오고 있다. 비용절감형 투자에서 시장지향형 투자로 바뀌어야 한다는 것이다.

중국 내수시장을 개척해야 한다는 것은 맞는 말이다. 유의할 것은 그 내수시장이 소비자 내수시장이 아니라 생산자 내수시장이라는 것이다.

물론 몇몇 한국 및 외국의 대기업이 중국 소비자 내수시장에서 좋은 성과를 거두고 있는 것은 사실이다. 그러나 극히 예외적인 경우들을 제외한다면 이들은 대부분 글로벌 시장에서 알려진 브랜드를 갖고 있는 대기업들이다. 강력한 브랜드 파워를 갖지 못한 중소기업이 13억 소비자에 접근할 수 있는 유통망을 갖추고 내수시장을 공략하는 것은 매우 어려운 일이다. 또한 일반 소비재의 경우 중국기업들이 오히려 세계 시장을 석권하고 있는 상황이다. 그 만큼 한국기업이 파고 들 수 있는 틈새도 작다.

주목해야하는 내수시장은 13억 소비자 내수시장이 아니라, 중국이라는 '세계의 공장'에서 형성되어 있는 생산 네트워크와 가치사슬에 제품을 싣는 생산자 내수시장이다. 중국의 제조업은 매년 15% 이상의 속도로 성장하고 있으며, 중국 곳곳에는 세계적인 생산 거점들이 들어서고 있다. 이러한 추세는 오랜 기간 지속될 것이다.

따라서 한국기업들도 단순한 가공수출이나 관계회사 납품 수준을 넘어서 중국이라는 거대한 생산 네트워크에 더 깊이 침투할 필요가 있다. 중국 내에서 수행되는 가치사슬이 길어질수록 중국 내에 있는 기업들 사이에는 활발한 조달 및 납품거래가 일어난다. 그 생산자 내수시장을 적극적으로 개척하여 새로운 고객을 확보하고 납품처를 다변화하는 것이 향후 한국기업들의 과제가 될 것이다.

둘째, 중국에서의 '비용절감'에 대한 생각을 바꾸어야 한다. 특히 새롭게 만들어지고 있는 경쟁력의 원천들에 주목해야 한다.

과거에 비용절감을 위해 중국에 투자하는 기업들은 주로 중국의 저렴하고 풍부한 노동력과 토지에만 주목하였다. 그러나 2000년대를 거치면서 이른바 '세계화'는 세계의 구석구석까지 확산되었다. 이제 인도나 베트남을 비롯해서 중국보다 저렴하게 풍부한 노동력을 제공할 수 있는 새로운 투자 대상지가 늘어나고 있다. 동시에 중국의 임금은 최근 빠르게 오르고 있다. 노동력 면에서 중국을 대체할 국가도 생기고 중국의 노동력 가격 자체도 상승하고 있는 것이다.

그렇지만 이러한 변화에도 불구하고 중국에 대한 외국인투자는 줄기는커녕 더욱 늘어나고 있다. 그 이유는 중국에 투자하는 기업의 글로벌 경쟁력을 강화시켜 줄 수 있는 새로운 경쟁력의 원천들이 중국에 형성되고 있기 때문이다.

창장 삼각주나 주장 삼각주, 징진탕 지역처럼 글로벌 생산 네트워크의 새로운 허브가 된 지역에는 기업들의 대규모 집적(cluster)이 형성되고 있다. 이러한 집적은 조달, 정보, 마케팅, 인프라, 제도 등의 경쟁력을 창출한다. 글로벌 생산 네트워크와의 결합도 점점 더 강화된다. 이러한 새로운 경쟁력 혹은 요소(factor)

들은 베트남이나 인도 등 다른 지역이 쉽게 대체하기 어렵다.[2] 또한 어느 정도의 임금이나 지가 상승을 상쇄할 수 있다.

그 밖에도 중국에는 새롭게 고급 인력이 크게 늘고 있다. 수년간의 대학 정원 증가 정책으로 2006년 대학 신입생은 500만이 넘는다. 고부가가치 활동에 사용될 수 있는 고급인력의 후보군이 양산되고 있는 것이다. 그동안 연구소와 학교에 갇혀 있던 기초과학기술도 빠르게 상용화되고 있다. 이러한 새로운 경쟁력의 원천들은 새로운 저임금 국가의 등장이나 중국의 임금상승에도 불구하고 끊임없이 자본을 중국으로 흡수하고 있는 것이다.

따라서 앞으로 중국의 요소 활용을 통한 '비용절감'을 목적으로 중국에 투자하는 기업은 저렴한 미숙련 노동력의 동향뿐 아니라, 이러한 새로운 경쟁력 자원의 확산에도 주목하지 않으면 안 된다. 또한 중국의 임금 상승으로 인해 경영상의 어려움에 직면하여 새로운 투자지역을 찾고 있는 기업들은 더 싼 지역으로 공장을 옮기는 데만 몰두할 것이 아니라, 중국에서 형성되고 있는 새로운 경쟁력의 원천을 발굴하고 활용하여 임금상승을 상쇄할 수 있는 방법을 고민해야 한다. 앞에서 살펴본 것처럼 , 즉 전통적으로 중국이 가진 최대의 비교우위로 거론되어 온 저렴한 노동력과 토지 말고도 중국에서 형성되는 새로운 경쟁력들이 많이 있다. 중국의 저렴한 생산요소에 관한 인식을 바꾸어야 한다.

그런데 이렇게 새롭게 생성되는 경쟁력의 원천을 발굴하고 활용하기 위해서는 대중투자 기업들의 경영능력이 한 단계 업그레이드되어야 한다. 단순히 저임금 노동력만을 활용하는 경우에는 철저한 생산관리 능력만 있으면 중국 사업을

---

2 이른바 중국의 '대안'으로 떠오르고 있는 베트남이나 인도는 분명 중국보다 더 저렴한 노동력을 제공할 수 있다. 그러나 이들 국가가 새로운 글로벌 생산 네트워크의 허브로 부상하여 새로운 경쟁원천을 창출할 수 있는 조건은 중국에 비해 매우 불리하다. 특히 중국이 성공적으로 글로벌 생산 네트워크의 허브가 될 수 있었던 데는, 중국의 저렴한 노동력뿐 아니라 한국, 일본, 타이완과 같은 세계적인 원자재/부품 생산지와 지리적으로 매우 인접해 있다는 지리적 조건이 크게 작용하였다.

끌고 갈 수 있었다. 그렇지만 이러한 투자 및 경영 형태는 이미 한계에 봉착했다.

중국의 빠른 변화를 인식하고, 중국에서 형성되는 새로운 경쟁력의 원천을 적기에 활용하기 위해서는 단순한 관리자만으로는 부족하다. 창의적인 기업가 정신과 중국에 대한 경험 및 지식을 겸비한 중국형 최고 경영자(Chief China Officer 혹은 China CEO)가 필요하다.

셋째, 한편 이미 한국과 외국의 많은 기업이 중국에 투자하고 있다는 현실에서 중국에서의 '경쟁'에 대한 시각의 전환이 필요하다. 특히 지금 현재 중국에서 이루어지고 있는 경쟁의 핵심은 생산물(output) 판매의 경쟁이 아니라 요소(input) 활용의 경쟁이라는 인식의 전환이 필요하다.

1990년대에 상대적으로 일찍 중국에 진출한 많은 한국기업은 일종의 '경쟁회피'나 '경쟁우회'를 염두에 두고 중국에 투자했다. 즉 당시 국내 경영여건이 어려워지면서 우리와 가까운 중국의 저렴한 임금을 활용해 가격경쟁력을 높이고 시간을 벌겠다는 생각으로 중국에 투자하는 경우가 많았다. 그런데 그동안 많은 기업이 중국에 투자한 결과, 2000년대의 중국은 이미 경쟁을 '회피' 할 수 있는 곳이 아니라, 오히려 글로벌 경쟁의 중심이 되었다.

그런데 경쟁의 내용 면에서 현재 중국에서 벌어지는 글로벌 경쟁의 내용은 흔히 생각하듯 거대 중국시장을 차지하기 위한 경쟁만이 아니다. 특히 중소 외자 기업의 경우 내수시장 직접 공략은 아직 많지 않다. 오히려 대부분의 기업은 수출 또는 수출로 직결되는 내수 납품에 종사하고 있다. 이들에게는 상품시장의 경쟁 보다는 중국의 경쟁력 있는 생산요소를 누가 더 효율적으로 활용하여 글로벌 생산 네트워크를 구축하느냐를 둘러싼 경쟁이 더욱 중요하다.

따라서 중국에 투자했거나 투자하고자 하는 한국기업 역시 인식을 바꾸어야 한다. 즉 중국은 한국의 치열한 경쟁을 견디다 못해 밀려나오는 곳이 아니라, 진정한 글로벌 경쟁을 시작하기 위하기 호랑이 굴에 들어가는 기분으로 진출해야 하는 곳이다. 동시에 중국에서 경쟁의 관건은 성공적인 시장의 개척에만 있는 것이 아니라, 글로벌 생산 네트워크를 겨냥한 창조적인 요소의 활용에 있다(지만수 2007, 20-21).

참고문헌

21세기중국총연. 2005.『중국정보 핸드북 2005~2006』. 전경련 국제협력실 역. 서울: FKI미디어.

강인수 외. 2006.『선진통상국가 실현을 위한 중장기 통상전략 연구 : 열린 경제』. 서울 : 대외경제정책연구원.

김익수. 1999.『중국투자론: 이론과 실제』. 서울 : 박영사.

김주영. 2002.『한국의 대중국투자 10년의 평가와 전망』. 서울 : 한국수출입은행.

______. 2005.『중국진출 우리나라 현지법인의 경영실태 분석과 시사점』. 서울: 한국수출입은행.

대한상공회의소. 1997a.『한국기업의 대중국투자현황과 전망』. 서울 : 대한상공회의소.

______. 1997b.『중국진출기업의 경영실태와 투자성과분석』. 서울 : 대한상공회의소.

______. 2002. "'중국진출 한국기업의 진출목적 및 애로사항'과 '생산거점해외이전의 목적 및 대책' 조사." 대한상공회의소 보도자료. 서울 : 대한상공회의소.

무역협회 동향 분석팀. 2006.『중국진출 우리기업 긴급 실태조사』. 서울 : 한국무역협회.

무역협회 무역 연구소. 2003.『대중국투자기업에 대한 경영 실태조사 : 수출입 및 고용현황을 중심으로』. 서울 : 한국무역협회.

무역협회. 1995.『중국투자 우리기업의 경영실태와 성과』. 서울 : 한국무역협회.

백권호 외. 2002.『중국 진출 한국기업의 경영 현지화에 관한 연구』. 서울 : 대외경제정책연구원.

서봉교. 2001. "한국의 대 중국투자 무엇이 문제인가."『주간경제』. 서울 : LG경제연구원.

양평섭·구은아. 2006. "중국의 WTO 가입 5주년 결산."『KIEP 오늘의 세계경제 06-40호』. 서울 : 대외경제정책연구원.

이규성. 2006.『한국의 외환위기 : 발생, 극복, 그 이후』. 서울 : 박영사.

이선동·후영지. 2002. "중국 권역별 경제 사회발전 특징 분석." 대외경제정책연구원. 한국무역협회 무역연구소 주최 국제 세미나 "중국 권역별 경제의 특성과 외국기업의 진출전략" 발표 논문.

이재우. 2004. "대중국 해외투자가 대중국 수출입에 미치는 영향 분석 : 중국 WTO 가입에 따른 변화를 중심으로."『수은해외경제』(10월). 서울 : 한국수출입은행.

이창수. 2002.『FDI와 무역의 상호연계성에 관한 연구』. 서울 : 대외경제정책연구원.

전주성. 2007.『중국의 외국인직접투자 정책 변화』. 서울 : 산업연구원.

전국경제인연합회. 2004. "우리 기업의 대중투자 현황과 개선과제 조사." CER-2004-28. 서울
: 전국경제인연합회.
중소기업중앙회. 2006. "중소기업 중국진출 현황 및 애로조사 결과보고." 서울 : 중소기업중
앙회.
지만수. 2002. 『한국기업의 대중국 권역별 진출과 전략』. 서울 : 대외경제정책연구원.
______. 2007. "중국투자도 21세기형으로 변신해야."『한중무역』통권 72호(3월). 북경 : 한
국무역협회 북경지부
지만수 외. 2004. "중국진출 한국기업의 경영실터와 시사점."『정책연구』4-14호. 서울: 대외
경제정책연구원.
KOTRA. 2002. 『중국의 주요 개발구 : 투자환경과 진출사례』. 서울 : KOTRA.
______. 2004. "중국진출 한국 기업 경영 실태." 서울 : KOTRA.
______. 2006. "06 중국투자기업 그랜드 서베이." 기획조사 06-045. 서울 : KOTRA.
탁세령. 2006. "최근 중국의 외국인투자정책 변화와 진출관련 시사점." 서울: 한국수출입은행.
한국수출입은행. 각 년도. 『우리나라의 해외직접투자 현지법인 경영현황분석: 1999회계연
도~2005회계연도』서울 : 한국수출입은행.
______. 2005. 『우리나라의 중국 및 미국투자 현지법인 경영현황 비교분석 : 2004 회계연도
기준』. 서울 : 한국수출입은행.
한병섭. 2004. "對중국 투자기업의 철수 경절요인 분석."『KIET산업경제』(1월). 서울 : 산업
연구원.

國家統計局. 各年. 『中國統計年鑑』. 北京 : 統計出版社.
______. 各年. 『中國統計摘要』. 北京 : 統計出版社.
呂政·曹健海. 2006. 『國際産業轉移與中國製造業發展』. 北京 : 經濟管理出版社.
江小涓. 2002. 『中國的外資經濟 : 對增長, 結構昇級和競爭力的貢獻』. 北京 : 中國人民大學
出版社.
國家統計局國民經濟綜合統計司. 2005. 『新中國五十五年統計資料資料彙編』. 北京 : 中國
統計出版社.
王志樂. 2006. 『2006 跨國公司中國報告』. 北京 : 中國經濟出版社.
日本貿易振興機構. 2006. "2005年の對中直接投資動向." 北東アジア事務所 共同調査報告
書. 東京: 日本貿易振興機構.
みずほ總合研究所. 2007. 『中國　における多國籍企業の新たな潮流』. みずほ總研論集
2007年 I 號.

American Chamber of Commerce PRC. 2004. *White Paper*.

Aigner et al. 1977. "Formulation and Estimation of Stochastic Frontier Production Function Models." *Journal of Econometrics* 6.

Cheng, Leonard K. and Kwan Yum K. 2000. "What are the Determinants of the Location of Foreign Direct Investment? : The Chinese Experience." *Journal of International Economics,* No. 51.

Dunning, J.H., R. Hoesel, R. Narula. 1997. "Explaining the 'NEW.'" Wave of Outward FDI from Developing Countries: the Case of Taiwan and Korea." *International Business Review*(Preliminary version).

Forsund et al. 1980. "A Survey of Frontier Production Functions and of their Relationship to Efficiency Measurement." *Journal of Econometrics* 13.

Fung, K.C et al. 1999. "Determinants of U.S and Japanese Foreign Direct Investment in China." unpublished working paper.

Helpman, E. 1984. "A Simple Theory of International Trade with Multinational Corporations." *Journal of Political Economy* 92.

Helpman, E. and P. Krugman. 1985. *Market structure and Foreign Trade.* Cambridge: MIT Press.

Kim, Joon-Kyung and Chung H. Lee. 2002. "Korea's Direct Investment in China and Its Implications for Economic Integration in Northeast Asia." submitted to KIEP/MEAEF conference on 8-9(Aug).

KITA. 2002. *Korea and the World - Key Indcators.* KITA : Seoul.

Kotler, P. 2000. *Marketing Management: Millennium Edition.* Prentice-Hall.

Schmidt, P. and R. C. Sickles. 1984. "Production Frontiers and Panel Data." *Journal of Business & Economic Statistics* Vol. 2, No. 4.

OECD. 2003. "Investment Policy Reviews: China." OECD: Paris.

UNIDO. 2004. "Inserting Local Industries into Global Value Chains and Global Production Networks: Opportunities and Challenges for Upgrading With a focus on Asia." UNIDO: Vienna.

World Bank. 2007. *"World Development Indicators database."*(1 May). www.worldbank.org.